古谷浩一
Furuya Koichi

筑摩選書

# 林彪事件と習近平

## 中国の権力闘争、その深層

# 林彪事件と習近平　目次

# 林彪事件と習近平

中国の権力闘争、その深層

# プロローグ——なぜ今、林彪事件なのか

「同意しないという同志は、どうぞ挙手をお願いします」

二〇一七年一〇月二四日、厳しい調子の声が、北京の人民大会堂の大会場に響いた。一週間にわたって開かれた中国共産党の第一九回党大会の閉幕式。天井に掲げられた真っ赤な赤い星の下で、習近平国家主席は不自然なほどに丁寧な敬語を使って、そう呼びかけた。会場に集まっていた三〇〇〇人を超える党代表たちは一様に口をつぐんだ。重苦しい空気が広がっているのが分かる。だれも手をあげる者はいない。挙手の有無を会場内で調べる係員たちから「（挙手は）ありません」「ありません」と確認する声が続けざまに上がった。

習近平にとっては、あくまで余裕を見せた敬語の使用だったのだろうか。反対の声を上げるような代表ならば、そもそもこの大会に出席できなかっただろう。不同意を表明する代表がいないことが分かった上での形式的な儀式にすぎなかったが、中国共産党の歴史的な党規

0-1

中国全人代で「憲法の権威を守り、定められた職責を履行する」などと宣誓する習近平国家主席〔2018年３月17日、北京〕写真提供：朝日新聞社

約改正案が正式に承認された瞬間だった。

党の憲法と呼ばれる党規約には新たに、「習近平の新時代の中国の特色ある社会主義思想」という長々しい政治理念が盛り込まれた。別の言葉で言えば、習近平という党の最高指導者に、絶大な権力を集中させるとの決定である。

これで習近平の権威は、一九四九年に中華人民共和国の成立を宣言し、「偉大な領袖」と呼ばれてきた毛沢東主席や、中国を世界第二位の経済大国へと導いた改革・開放政策の「総設計士」とたたえられる鄧小平に比肩しうるほどに高まった。

習近平の前に最高指導者であった江沢民元国家主席や胡錦濤前国家主席の名前は、こうした形で党規約に明記されてはいない。中国共産党のこれまでの歴史にかんがみて、最高指導者への権力の集中は多くの問題を生じさせるという痛切な反省があったからだ。

特に一九六〇年代に毛沢東が発動した文化大革命は、一〇年にわたって中国社会を大混乱に陥れた。党内の権力闘争にくわえ、激しい政治運動が社会各層で繰り広げられた。被害を受けた人々は数千万人にも上るといわれる。

こうした悲惨な混乱をもたらす行き過ぎた権力集中が生じないよう、今後、中国共産党は集団的指導体制を目指すという決定を下し、対外的にもアピールしてきた。ところが習近平体制はそれをひっくり返してしまった。

これまで共産党が見せてきた反省の意はいったい何だったのか。この党はなぜ歴史に学ばず、同じことを繰り返そうとしているのか。

そんな疑問の声は、当初は党内にも存在していた。北京に駐在するわれわれ外国人記者の耳にも、さまざまなチャンネルを通じて、そうした声が聞こえてきていた。

しかし習近平は、異論に耳を傾けなかったようだ。それどころか、自らの権力を固める過程で、多くの党高官を腐敗行為の容疑で拘束していった。

こうして高官が失脚すると、多くの場合、その後任として習近平と関係の近い幹部が抜擢された。それと軌を一にするかのように、習近平に異を唱える声は徐々に小さくなっていった。

強権的な習近平体制の下で相次ぐ高官の失脚劇。そうした、党内の激しい権力闘争を目の当たりにして、私は不思議に感じずにはいられなかった。この国では一体何が起きているのか——。

やがて私は、かつて中国で起きた、ある事件のことを強く意識するようになった。中国のナンバー2の高官が、トップを暗殺して政権を乗っ取ろうと企てたとされるショッキングな事件。そして、妻子とともに専用機でソ連に亡命しようとしたが、搭乗機は墜落し、死亡したというナゾの事件……。

一九七一年に起きた林彪事件である。

今から五〇年近くも昔の話だ。林彪という人物の名前を聞いても、もはやピンと来る人が、あまりいないかもしれない。

若い読者のために少し説明をさせてもらえれば、林彪は、抗日戦争や国民党との内戦で輝かしい功績を上げた人民解放軍の代表的な将軍である。

中華人民共和国の建国後は、国防相などの軍の要職を歴任し、中国共産党副主席にまで上り詰めた。最高権力者だった毛沢東主席にも気に入られ、毛に次ぐ党序列ナンバー2の座を射止め、一時は毛の正式な後継者として、党規約にも明記されていた。

それほどの有力高官が、あろうことか毛沢東の暗殺を企て、それが発覚した直後、ソ連に亡命しようとしたのだ。東西冷戦のさなかに勃発したこの事件は中国指導部に衝撃を与え、世界をあっと驚かせた。

中国当局は当時、この事件のことを対外的に公表せず、封印した。西側諸国などに知られるのを極度に恐れたのである。

それまで林彪は、毛沢東の後継者として大々的にたたえられる存在だった。ところが中国の公式メディアから動静を伝える報道が徐々に消えたため、北京の各国外交官や外国人記者は何が起きたのかを知るべく、情報収集を進めた。が、中国当局はなかなか事実関係を認めなかった。

ある中国の元外交官は当時を振り返って、私にこう語った。

「外国人から、公式報道が途絶えた林彪の動向について質問されました。でも、そのたびに、『何ら変化はない』と繰り返していました」

0-2

林彪

事件から約九カ月たってから、中国当局はようやく事実関係を認め、その後、公式見解が発表されたのだが、それでも未解明のナゾは今なお残っている。

林彪ほどの高官が、なぜ毛沢東を暗殺しようとしたのか。本当に亡命しようとしていたのか。なぜ飛行機は墜落したのか。機内ではいったい何が起きていたのか……。

関係者を探し出しては取材を申し入れるということを繰り返したが、やんわりと断られることが続き、事件から五〇年近く経っているにもかかわらず、今でも政治的なタブーとなっていることを知った。と同時に、林彪を好意的に評価する人が少なからずいることも分かってきた。いまだにこの事件は過去のものとはなっていないのだ。

少しずつ取材が進み、当時の状況を話してくれる人と出会えるようになると、こう思うようになった。激しい権力闘争を繰り返す中国共産党という組織の矛盾が、林彪事件をめぐる歴史のなかに凝縮されているのではないかと。

時をさかのぼってみれば、国家主席だった劉少奇をはじめ、粛清された高官はいくらでもいた。林彪だけが特別なわけではないと気づいた。

民主的な政権交代が行われない事実上の一党独裁体制において、権力闘争に敗れた者の末路は悲惨な失脚しかない。そうした過程において真実は隠蔽され、ときに捏造される。こうした政治劇の構図は繰り返され、今も続いているのではないかと思い始めた。

実のところ共産党は、根本のところで何も変わっていないのではないか——。であるなら、改めて林彪事件の真相を究明することは、習近平体制がいま行っていることの解剖・研究にもつながっていくのではないか……。

これが、五〇年近く前に起きた不可思議な事件を解明したいと思った私の問題意識である。

もう少し説明したい。中国政治において、林彪事件が今なお生きている例を一つ挙げる。この原稿を書いているとき（二〇一八年六月）、シンガポールではトランプ米大統領と金正恩・朝鮮労働党委員長との歴史的な米朝首脳会談が開かれていた。金正恩は平壌から中国国際航空のチャーター機に乗ってシンガポール入りした。トランプ氏が乗ってきた大統領専用機エアフォースワンと同じボーイング社の大型旅客機七四七である。

金正恩は通常、北朝鮮が保有する旧ソ連製の専用機「チャムメ（おおたか）一号」を用いる。だが、この専用機は長距離飛行をしたことがなかったため、安全性への懸念から中国側に提供された飛行機を使うことにしたという。中国外務省のスポークスマンは定例会見で質問を受け、北朝鮮側からの依頼で中国機が貸し出されたことを明らかにしていた。

私が注目したのは、この中国国際航空機は中国指導者の専用機として使われている機体だと、一部の香港メディアが伝えたことだった。習近平をはじめ、トップセブンといわれる共産党政治局常務委員七人のための専用機が四機あり、今回、金委員長に貸し出されたのは、ふだん李克強首相が使っている専用機ではないかというのだ。

この話を聞いて私は違うのではないかと思った。なぜなら、私は以前、まったく異なる話を中国当局者から聞いたことがあるからだ。

確かに中国には常務委員が使う専用機が複数ある。しかし、特定の指導者が使う形にはなっていない。日本の政府専用機のように、必要があるときに高官たちが持ち回りで常務委員用の飛行機を使うのだと私は聞いた。

なぜか。その理由について、当局者はニヤリと笑って私に言った。

「九・一三の教訓さ」

一九七一年九月一三日。中国では今でも、林彪事件が起きた月日である「九・一三」という言い方でこの事件を呼ぶ。意外な答えに驚く私に対して、その当局者は続けて言った。

「林彪事件の後、ナンバー2が自分の専用機を持って、それを独占するような状況はよくないとなった。専用機のクルーたちを、自分の個人的な部下として使うようになれば、いざというとき、自由に専用機を使ってどこでも行けるようになってしまう。それは危ない。林彪のように、その専用機で高官に亡命などされたらどうするのかという話になった」

中国共産党は、いや、より正確に言えば共産党トップの要人たちは、自分以外の人間を誰一人として信用していない。だから、林彪事件を経験した後、党の高官が自分専用の飛行機を持つことはなくなったというのだ。

共産党を大きく揺るがした林彪事件の教訓は、そのような形でも党のなかに生き続けている。

さあ、では始めたい。まずは事件が起きた一九七一年九月一三日未明に時間を戻させていただく。

その頃の中国は、毛沢東が発動した文化大革命のさなかである。日本では佐藤栄作が政権の座に就き、ＮＨＫの全番組がカラー化された高度経済成長の時代。米ソの冷戦時代真っただ中で、米国のアポロ一四号による月面着陸が大きな話題となっていた。

場所はモンゴル東部。見渡す限り家畜と遊牧民しかいない静かな大草原。日付が変わったばかりの深夜である。真っ暗な闇に覆われた夜空に、突然、飛行機が発する轟音が鳴り響いた。一人のモンゴル軍の老幹部がそのときのことをはっきりと覚えていた。

# 第一章 その夜、いったい何が起きたのか

## 二人の目撃者

林彪ら九人を乗せた英国製トライデント型ジェット機は、モンゴルの首都ウランバートルの東約三五〇キロのヘンティー県ウンドルハンに近い草原に墜落した。一九七一年九月一三日未明のことだ。

ウランバートルの気象台によると、周辺の空には少し雲があったものの、霧もなく見晴らしはよく、風もほとんど吹いていなかったという。

オトコンジャルガルはこのとき四〇歳で、兄と一緒に一カ月ほど夏休みをとり、避暑のために草原のゲル（移動式住居）で過ごしていたという。当時、彼はヘンティー県の国境防衛内務軍事部の部長を務めていた。私がウランバートルで会ったとき、八六歳になっていた彼は、その日の夜のことをこう語ってくれた。

午前一時半ごろだったという。寝る前に用をたそうと、ゲルの外に出たときだった。ゴーッという音が夜空に響いた。

草原の人々はびっくりするほど遠くの音でもキャッチする。オトコンジャルガルは飛行機の音だとすぐに分かったが、どれくらい遠くを飛んでいるのかは分からない。それでも、めったに耳にしたことのない大きな音だったので、よほど低空飛行をしているに違いないと思った。夜中の飛行でもあり、珍しいなあ、と感じたのをよく覚えているという。

驚いたのは、朝になって、ベルへ鉱山から南へ約一〇キロの草原に飛行機が墜落したとの連絡が、地元の役場から来たことだ。

すぐに飛行機で現地に向かった。約一キロにわたって草原が黒く焼けているのが、上空から分かった。

大きく三回旋回した。バラバラになった機体がはっきりと見えた。周囲にはまだ、黒い煙が立ち上っていた。
詳しくは後述するが、中国の元軍人の証言などによると、林彪の専用機は中国河北省・山海関の軍用飛行場を離陸した後、高度三〇〇〇メートルの低空飛行を続けてモンゴル国境を越え、ウンドルハンの南方で中国空軍のレーダーから消えた。
専用機の通常の飛行高度は七〇〇〇～九〇〇〇メートル。異常なほどの低空飛行の

1-1

現役時代の写真と剣を飾った壁の前で、林彪事件を語るオトコンジャルガル〔ウランバートル〕

理由は、レーダー探知や攻撃を避けるためだったとみられている。北上を続けた専用機の墜落現場は、レーダーから消えたウンドルハンの南方ではなく、その北東に位置していた。

　もう一人、当時の目撃者がいる。

　墜落現場近くに暮らしていた、遊牧民のバットムールだ。当時、一一歳だった。

「覚えているよ。あの夜の空は赤く染まっていた」。五六歳になるバットムールは、思い出したくない記憶をたどるような調子で、墜落機を燃やした炎の大きさを語ってくれた。

　その年は冬の到来が例年より遅く、九月の夜にしては暖かかったという。翌日に母親がウランバートルの病院に行く予定だった。草原での暮らしは単調で、母親が首都に行くだけで興奮するような出来事だったから、よく覚えている。その夜、バットムールはなかなか寝付けないまま、ゲルの中で何度も寝返りをうっていた。

　やがて、うつらうつらと眠気に誘われたとき、突然、飛行機が飛ぶゴーッという音がして、

1-2

草原で墜落の夜を語るバットムール〔モンゴル・ヘンティー県〕

驚いて目が覚めた。さらに何回か、同じ音が聞こえた後、大きな爆発音が響いたという。

バットムールが聞いたのは、低空で飛ぶ飛行音だったのだろう。「何回か」との証言からは、専用機が夜中の不時着に適した場所を探して旋回を繰り返していた可能性が考えられる。

少年だったバットムールが驚いて外に出ると、遠くの草原が赤く燃えていた。

「怖かった」

何も分からず、隣にいた四歳年上の姉に体を寄せた。近くのベルへ鉱山の採掘場に駐屯するソ連軍部隊の車両のライトがいくつも、炎の方向に向かって行くのが見えた。当時、この鉱山のホタル石《いし》は兵器製造に使われており、採掘場はソ連軍が管理していたという。

母親や姉から、墜落現場には近づくなと厳しく言われた。遊牧民の伝統的な考え方では、そうした場所は縁起が悪く、羊を連れていけば何かの不幸が生じるかもしれないからだ。バットムールは「わかった」と答え、その後もずっと母親との約束を守った。だが、遠目に見た、あの夜の赤い炎は今も恐ろしい思い出でありつづけているという。

## 焼け焦げた九人の遺体

ウランバートルで出会ったオトコンジャルガルの話に戻る。

墜落の翌々日の一九七一年九月一五日、駐モンゴル中国大使だった許文益が墜落現場にやって来た。当時、ヘンティー県の国境防衛内務軍事部の部長だったオトコンジャルガルは、許に同行して県の中心部から墜落現場に入ったという。

現場の草原は黒く焼け焦げていた。飛行機は粉々に砕け、多くの破片が点々としていた。墜落時の衝撃の大きさが伝わってくる悲惨な現場だった。

機体の破片は、長さ五〇メートル、幅二〇メートルほどの範囲に集中していた。一方で、この墜落によって、草原の草は一直線に九七五メートルの長さにわたって燃えてしまっていたという。尾翼に書かれた「256」という数字は今も記憶にはっきりと残っている。林彪の専用機が二五六号機と呼ばれていたことなど、もちろん当時は知るよしもなかったが。

墜落現場に落ちていた毛布を手にすると、パキスタン製と書かれている。許がそれを見て、「パキスタン、パキスタン」と叫んだ。墜落機はこの年の七月に、中国がパキスタンから購入したばかりの中古機だった。

黒く焼け焦げた九人の遺体も見つかった。人体であることは分かるが、部分的な焼失もあり、墜落機が激しい炎に包まれたことを物語っていた。

遺体のうち一人は女性のものだった。オトコンジャルガルは、その遺体が林彪の妻、葉群であることを、そのときはまだ知らなかった。

許も、彼に随行する中国大使館員たちも、やたらと写真を撮りまくっていた。どんなものでも記録に残そうとしているようだった。

許とオトコンジャルガルは、近くにあった草原の丘を登り、どこに遺体を埋葬するか話し合った。埋葬場所は決まったものの、すでに日が沈みかけていたので、いったん現場を離れることになった。

## 中国大使の謎めいた発言

県の中心部に戻ってきた時には夜になっていたが、今後の対応をめぐって許文益と話し合った。許は「墜落機は軍用機ではない。民間機が誤ってモンゴル領内に入ったのだ」と主張した。モンゴル側が、軍の制服や身分証明書を現場で回収したことを明かしても、軍用機だとは決して認めなかった。

土葬を行ったのは翌一六日だった。許の立ち会いの下、約三〇人のモンゴル人兵士たちが、前日に決めておいた墜落現場近くの丘のふもとに大きな穴を九つ掘った。死者の名前が分からないので、遺体に一から九まで番号をつけた。後に分かることではあるが、このとき「五番」とされた遺体が林彪のものだった。

モンゴルの役人たちは、墜落機に乗っていたのが林彪だったとは、一人として想像していなかった。だが、モンゴル当局が現場から回収した多くの物品の中には、中国空軍の暗号コード表や師団名入りの飛行指示書、軍用ピストルが含まれていた。

誰が見ても墜落機が中国の軍用機であることは明らかだった。モンゴル側はそう確信しながらも、その時点では中国側に対し、回収したすべての物品の中身を教えるようなことはしなかったという。

他国の軍用機の墜落であり、いったい何が起きたのか分からない時点で、手の内すべてを中国側に明かしたりはしなかったということだろう。時はまさに冷戦の時代だった。

中国大使の許文益は、遺体を埋める作業をした兵士たちに謝意を示したうえで、ウランバートルから手土産に持ってきた酒とタバコ、菓子を渡した。そして、奇妙なことを言った。

「今日はありがとうございました。お願いがあるのですが、(明日以降) 遺体を埋めたところの土をもう少し高めに盛っておいていただけませんか」

なぜそんなことを頼むのだろうか。オトコンジャルガルはその一言を聞いて、とても不思議に感じたことを覚えている。言っている意味がよく分からず、何度か言葉をやりとりすると、どうやら「遺体を土の中に深く埋めておいてほしい」ということを言いたいようだった。

これはいったい何を意味するのか……。

確かに不思議である。オトコンジャルガルだけでなく、私もその答えを知りたいと思った。

プロローグで書いたように林彪事件は、その真相が明らかになるのは中国共産党にとって都合の悪い、負の歴史である。だから党は、林彪のことを毛沢東を裏切った極悪人として描き、そのような林彪像が流布されてきた。だが、党公認のシナリオをいくら読み込んでも、事件の全容はさっぱり分からない。そこで証言や資料を一つ一つ集めて客観的な歴史に近づこうとするのだが、今度は疑問やナゾに頻繁に直面することになる。

こうした小さな疑問のなかにひょっとすると事件の真相に迫るヒントが隠されているのか

もしれない。そう、シャーロック・ホームズも言っていたように、「神（真実）は細部に宿る」。以下の探索行はその試みである。しばしお付き合い願いたい。

### 駐モンゴル大使の回想

「遺体を埋めたところの土をもう少し高めに盛っておいていただけませんか」――。駐モンゴル中国大使・許文益はなぜ、こんなことを言ったのか。資料を調べるなかで、中国外務省が一九九〇年に編集した、外交官たちの回想録の存在を知った。そこでは駐モンゴル大使の許が自ら当時のことを振り返っていた。

中国の知人を通じて入手した、黄色く色変わりしたこの小冊子を読み進めていくと、許の謎めいた発言の背景がうっすらと見えてきた。墜落現場の査察に赴いた許は、当時、事態の推移をどのように見ていたのか、回想録から再現してみよう。

許が大使として着任したのは、林彪事件が起きる前月、一九七一年八月二〇日のことだった。北京発モスクワ行の国際列車に乗って、モンゴルの首都ウランバートルに赴任した。二四日には大使としての信任状をモンゴル側に提出し、さっそく関係者への挨拶回りを始めたという。「雰囲気はよく、万事順調に進んでいた」と許は回想録に書いている。

雰囲気がよいとは、どういうことか。当時の時代背景について、説明を加えておこう。

当時、中国とモンゴルの外交関係はかなり微妙な状態だった。毛沢東が文化大革命を発動したのは一九六六年。中国全土を巻き込んだ大規模な政治運動によって社会はひどく混乱し、行政機関なども一時、まったくの無秩序状態になった。六七年には北京のモンゴル大使の公用車が焼かれる事件も起き、同じ社会主義圏の国として友好関係にあるとされていたにもかかわらず、両国の関係は緊張した。さらにモンゴルが当時、ソ連の衛星国家のような状態にあったことが事態を複雑化させた。中国とソ連の関係悪化は、フルシチョフのスターリン批判などを経て六〇年代以降、徐々に鮮明になっていたからだ。

文化大革命は、七六年に毛沢東が死去するまで続く。この時代、中国はモンゴルだけでなく、北朝鮮をはじめとする一部の社会主義国とも関係がギクシャクしたり、冷えこんだりした。中国共産党と日本共産党との関係が悪化したのも、六六年だった。

話を戻す。

大使公用車が焼かれた事件の後、中国とモンゴルはともに大使を召還するという対抗措置をとった。それが七一年になってようやく双方の大使が再び着任し、関係改善への模索が始まろうとしていたところに林彪事件が起きた。

## 午前八時の緊急電話

中国とモンゴルの関係改善を図るという任務を負って中国大使としてウランバートルに到着した許文益は、挨拶回りなどの日々を送っていた。そんな許のところに、モンゴル外務省から緊急の電話がかかってきたのは九月一四日の朝、午前八時ごろだったという。林彪を乗せた専用機がモンゴルの草原に墜落したのはその前日の九月一三日未明のことだ。

電話の用件は「エルデンビレグ外務次官が午前八時半にお会いしたいと言っています」という、極めてシンプルなものだった。ただ、その短い言葉から、モンゴル側が何らかの理由でとても緊張していることが伝わってきたという。

その時点で許は、林彪の専用機が墜落したことをまったく知らなかった。前日の夜も、モンゴル外務省からは何の連絡も来ていなかった。こうした中で、朝の八時半に外務省で会いたいとの突然の呼び出し。その時刻まで、あと三〇分しかない。許は大使館幹部たちとも相談し、これは何か大事件が起きているに違いないと判断した。それが何であるかは分からなかったが、まずはモンゴル側の言うことを聞こうと、通訳一人を連れて、車でモンゴル外務省に向かったと許は記す。

ウランバートルの街は小さい。中国大使館から、中心部にある外務省までは歩いて行ける距離である。到着するのにさほど時間はかからなかっただろう。

執務室で許を出迎えた外務次官のエルデンビレグは、許の着任後、まだ挨拶もできていなかったことに対し、形式的かつ簡単におわびの意を表したという。そして、「本日は政府を代表して、以下の状況を通達する」と話題をすぐに切り替え、厳粛な口調で言った。

「（前日の）一三日午前二時ごろ、我が国ヘンティー県に一台のジェット機が墜落した。これを知った我が国の関係部門は同日午前、担当者を現地に派遣した。複数の証拠によって、墜落機が中国人民解放軍の某部隊に属する飛行機であり、女性一人を含む九人の乗員が不幸にも全員亡くなったことを確認した。中国軍用機が我が国の領土を侵犯したことに対し、政府を代表して抗議する」

エルデンビレグは一気にそう話し、こう付け加えた。

「初対面の大使にこのような話をするのはとても遺憾なことですが、大使から中国政府にこのことを伝えていただくとともに、中国軍用機が我が国領土を侵犯した原因について、中国側からすみやかに正式な説明があることを希望します」

許は驚きを顔に出すまいとしながら、いかに返答するか、すばやく頭の中で考えた。そして、次官のエルデンビレグにこう言った。

「両国がまさに関係改善を進めているなか、我が国の飛行機が何らかの原因で、モンゴル領土内に墜落したことは大変遺憾である」

型どおりの外交辞令である。そのうえで、抗議については、事情がはっきりするまで受け入れられないが、本国政府には伝えると約束した。さらに、墜落現場に中国大使館の職員を派遣することはできないかと申し入れた。

このときの許とエルデンビレグの会談は、正味三〇分ほどだったと推定される。なぜなら、許は午前九時三〇分ごろには中国大使館に戻っているからだ。許はただちに大使館の幹部を招集し、会議を開いた。中国機墜落の報に驚きを隠せない幹部たちに対し、許は矢継ぎ早に指示を飛ばした。冷静になれ、秘密保持を徹底しろ、とにかく急いで本国に報告し、指示を仰ぐ必要がある、関係する情報の収集を進めろ……。幹部たちは慌ただしく、それぞれが担当する任務に取りかかったという。

許をはじめとする駐モンゴル大使館員たちが驚いたのも無理はない。この時、事件からすでに三〇時間余りが過ぎていたが、世界のメディアはまだまったく何も報じていない。中国のナンバー2の高官・林彪が死んだことも、その専用機がモンゴルの草原に墜落したことも、ニュースには一切流れていない。中国当局が林彪事件のことを対外的に認めたのは、事件発生から九カ月ほど後のことになる。

しばらくして、一人の部下が困った様子で許文益のところに報告に来た。話を聞くと、モンゴル電報局が回線の調子が悪いので公電を送れないと言っているという。当然、暗号処理はなされていたはずだが、当時、中国大使館の公電はモンゴルの電報局経由で送受信されていた。現在では各国の大使館はそれぞれ独自に公電を母国へ送る仕組みをつくっているが、当時は駐在国の電報から公電を送るのは普通のことだった。

なぜ「回線の調子が悪い」のか、原因は分からない。この時点でモンゴル側がわざと中国大使館に公電を出させないようにしたのではないと思う。確証はないが、そうした妨害工作によってモンゴル側が得することは何もないからだ。

話はずれるが、一九四一年の日米開戦時に日本の在ワシントン大使館は、東京から届いた暗号公電を電報の形で受け取りながら、すぐに暗号解読作業に入らなかったため、米国への宣戦の通告が太平洋艦隊によるハワイ真珠湾攻撃の後になってしまった。このため、卑怯な奇襲であるといった批判材料を米国側に与えてしまったことは、あまりにも有名だ。

当時の記録を見て私が興味深く思ったのは、日本から宣戦布告の公電が届いた日、大使館に出勤した駐在武官が電報の形で届いていた暗号公電の束を受け取り、外務省の役人たちの対応の遅さに懸念を覚えたとの記述があったことだ。電子メールもなかった時代、電報は主要な外交ツールだったわけだ。

話を戻そう。電報が送れなければ、北京の中国外務省に中国機墜落の報告ができない。困った駐モンゴル大使の許は、普段は使っていない北京との直通の専用線電話が大使館内にあったことを思い出した。

この専用線電話は通常の国際電話の回線とは別に、一九五〇年代に設けられたものだが、十分な盗聴防止措置はできず、ソ連やモンゴルに会話が盗聴される恐れがあった。同じ社会主義国として緊密な関係にあった時代はそれでもよかったが、関係が悪化するのに伴って使用されなくなり、鍵がかけられていた。

許はこの専用線電話を使用することを決断した。通常の国際電話回線に比べれば盗聴防止の効果がいくらかはあると思ったからだ。長期間、使われていなかったので、鍵のありかを知っている職員もいなかった。事務室から鍵の束を見つけ出すと、一つずつ鍵穴に差し込んでいった。三〇分かけてやっと合う鍵が見つかり、専用線電話がかけられるようになったという。ところが、北京の中国外務省につながらない。ずっと使われていなかったので、北京の方でも使用できる状態になっていないようだった。

許はとうとう通常の国際電話の回線で連絡をとる決断をする。通常回線はすべて盗聴されることを覚悟しなくてはならないが、ほかに方法はなかった。事態は急を要する。専用線電話の回線を再開してほしいとの要請だけを中国外務省に伝えて電話を切った。

幸い中国外務省もすぐに事情を察したようだった。昼の一二時二〇分に専用線電話がやっと通じるようになり、許はモンゴル側から通告された中国機墜落について報告することができた。

このとき、北京では何が起きていたのか。許の報告は即座に毛沢東をはじめとする中国共産党の最高指導部に伝えられ、衝撃を与えることになるのだが、そのことは第二章で詳しく書く。ここでは林彪を乗せた中国機が墜落した現場、モンゴルでの話をこのまま続けることにしよう。

## 北京からの指示

駐モンゴル大使の許文益が北京へ慌ただしく報告をしているさなか、モンゴル外務省から大使館に連絡が入った。ウランバートルから墜落現場へ向かう飛行機の準備ができたが、中国大使館からは誰が現場に行くのかという問い合わせだった。許は大使館員一人と通訳を派遣する方針を決めていたが、北京から指示が来るまではモンゴル外務省への返答を留保することにした。飛行機を準備して出発を待っているモンゴル側はその後も何度も催促の電話をしてきたが、許は慎重に返答を避けた。

つまり何もせず、北京の指示をひたすら待ったわけだが、このあたりは職業外交官特有の思考法をよく示している。重大な事案だと思えば思うほど、自分では一切判断せず、許は本省の指示を待ちつづけた。

北京からの指示が届いたのは、その日の午後六時ごろだった。中国外務省は、大使館員ではなく、大使である許自らが館員を連れて墜落現場へ行くように、と言ってきた。

許は回想録のなかでそれ以上詳しいことを書いていないが、「事態は私の想像よりもはるかに深刻だった」と記している。許はすぐに、その日の朝に会ったばかりのモンゴル外務次官のエルデンビレグに緊急の面会を申し入れた。午後八時半、許はモンゴル外務省の庁舎内でエルデンビレグと面会した。

その場で許は、「墜落した中国機は正しい方向を見失い、間違えてモンゴル国境を越えてしまったようだ。このことを遺憾に思う」と言ったという。

中国外務省の指示通りの発言だったことは間違いないが、それは許が回想録に記した「想像よりもはるかに深刻」とはとても思えないような事実認定である。

この時点で、許がどこまで事実関係を教えられていたかは分からないし、教えられたことすべてを回想録に書いたわけでもないだろう。ただ、林彪が乗った専用機が墜落したことまでは知らなかったのではないかと想像する。秘密保持が不十分な専用線回線で、北京の中国外務省が林彪の逃亡などについて詳細に話したとは思えないからだ。一方で、許の言動から、少なくとも何か重大な事件が起きていることは明確に感じとれる指示を北京から受けていたのではないかと推測する。

そんな許に対してエルデンビレグは厳しく問い質してきた。「方向を見失い、間違って国境を越えたと言いますが、これは（中国政府としての）正式な返答ですか」。許がうなずくと、このモンゴルの外務次官はさらに問い詰めた。「では、これは最終的な回答ですか」

そのとき、許の頭のなかで警戒のアラームが鳴ったという。許は慎重に言葉を選んで言った。「これは本国政府が私からの報告を受けた後に出した最初の指示に従った回答です。ですから、正式な回答ですが、最終回答かどうか、私は答えようがありません」

エルデンビレグはその回答に対し、まだ不満そうだったが、話題を変えた。すでに墜落から丸二日がたとうとしている。墜落現場は草原とはいえ、季節は夏である。時間がたつにつれて、遺体の腐敗が進むようならば、現地に埋葬する可能性もあると言った。

## 火葬か、それとも土葬か

モンゴル側は墜落機の遺体の処理について関心があるようだと許文益は感じた。「火葬して骨を持ち帰ることにはならないか」と尋ねると、「現地に火葬の習慣はない。その可能性は大きくない」との返事が返ってきた。お互い手の内を見せずに、墜落機に乗っていたのが誰なのか、強い関心を持って探り合っていることが、遺体の処理をめぐる二人のこのやりとりから伝わってくる。

その翌日、九月一五日にウランバートルから飛行機で墜落現場を目指すことをエルデンビレグと約束をして、許は大使館に戻った。そして、ただちに北京の中国外務省へ報告をした。これを受けての指示が北京から届いたのは一五日の未明だった。

「遺体はなるべく火葬して、遺骨を持ち帰るようにしろ。もしどうしても火葬が難しいならば、写真を撮ったうえで地中深く埋めるように。しっかりと（埋めた場所に）標識を立てて、将来、可能な時点で遺体を（中国）国内に運ぶように」

先に紹介した、モンゴル・ヘンティー県の国境防衛内務軍事部の幹部だったオトコンジャルガルの証言を思い出してほしい。彼が聞いた「遺体を埋めたところの土をもう少し高めに盛っておいていただけませんか」という許の要請は、北京からの指示を受けてのことだったのではないか。つまり、火葬ができないなら、遺体を地中深くに埋めて、後日、掘り起こして中国まで遺体を運ぼうと中国側は考えていたのではないだろうか。

火葬が最も望ましいと指示があったのは、墜落による死亡者のなかに林彪が含まれていることを隠したかった可能性が考えられる。あるいは林彪だけでなく、他の遺体の情報もモンゴルやソ連に知られたくなかったので、すべてを火葬するようまずは求めたということかもしれない。それが無理なら地中深く埋めろ、ということではなかったか。

法医学には「カスパーの法則」というものがある。それによると、空気中に一週間にわたって置かれた遺体の腐敗は、水のなかでの腐敗の進み方の二週間分に、土中に埋めた場合の八週間分に相当するという。つまり、土葬にすれば腐敗のスピードをだいぶ遅らせることができるのだ。中国外務省は近い将来、遺体を回収したいと考えていたのだろう。

しかし、中国外務省のこのもくろみは実現しなかった。埋葬された遺体はその後、どうなったのか。それは第四章で詳しく書かせてもらう。

## 老外交官、ヨンドンの証言

話を先に進めよう。事件直後の中国とモンゴルの外交交渉を直接担った人物が、ウランバートルのレストランで取材に応じてくれた。当時、外務次官だったヨンドン（八七歳）である。後に駐日大使も務めた老外交官だ。先に登場したエルデンビレグも外務次官だったが、ヨンドンも当時、外務次官を務めていた。

日本では外務省をはじめ、一つの役所に次官は一人しかいない。しかし、ほかの国では複数いることも珍しくない。モンゴルや中国での「副部長」というポストを日本語に訳す際に

1-3

モンゴル外務次官や駐日大使を歴任したヨンドン〔ウランバートル〕

「次官」とすることに問題があるのかもしれないが、これらの国には複数の次官がおり、それぞれ担当分野や担当国を持っている。当時、エルデンビレグは中国を担当し、ヨンドンはソ連などを担当していた。

ヨンドンにまず、中国機墜落の第一報を受けた際にどんなことを感じたか聞いてみた。

「当時のモンゴルと中国の関係は悪かった。中国機が許可なくモンゴル領内に入ってきたというだけで、中国がわざとケンカをしかけてきたのではないかとの印象を持った。しかも、中国の飛行機であることも、軍用機であることもはっきりしているのに、中国側の説明は『これは民間の飛行機だ』という。すぐに『スパイ目的』という言葉が頭に浮かんだね」。ヨンドンはそう言った。

確かに、そう思ったとしても無理はない。墜落した中国機の動きは明らかに不審なものであった。モンゴル領空に入りながら何の通信連絡もなかったし、レーダーに探知されるのを避けるかのような低空飛行だったからだ。また、このことに対する中国側の対応には、先述のように何かを隠そうとするような意図が見て取れた。しかも当時は各国の陰謀が渦巻く冷戦時代である。

林彪の専用機がモンゴル・ウンドルハン近郊の草原に墜落した翌日の九月一四日午前五時、ヨンドンはソ連の駐モンゴル代理大使と会った。事件について、正式にソ連に通告するためだ。

1-4

林彪の専用機がモンゴルに墜落した直後に撮影された写真〔モンゴル政府の資料から〕

だが、代理大使は中国機がモンゴル領内に墜落したことをすでに知っていたという。ヨンドンはこのことにとても驚いた。当時密接な関係にあったモンゴルとソ連の軍同士が、政府とは別に直接、連絡を取り合っているのだなと想像したという。

ヨンドンはまだそのとき、林彪が墜落機に乗っていたことを知らなかった。後になってそのことを知り、疑念が浮かんだという。ひょっとすると、代理大使と会ったとき、ソ連はすでに林彪の死を知っていたのではないかと。

「（墜落現場から約五〇〇キロ離れた東シベリアの都市）チタにはソ連軍の大きな部隊がいた。林彪は機内から、そこと連絡をとっていた可能性がある。もちろん、ソ連は我々に何も説明しなかったが……」

## 軍用航空地図とエンジン

後に分かったことだが、墜落現場から見つかった軍用航空地図には、北京とウランバートル、ソ連のイルクーツクに丸印が付けられていたという。ただしこの地図は、モンゴル政府の手元には残されていない。ソ連が現場から持ち去ったからだ。専用機がソ連を目指そうとしたのは、イルクーツクに丸が付されたこの航路地図から確かだとされるが、そうだとしても、ソ連側と機中から連絡を取り合っていたかどうかは確かめようがない。

先に書いたように、墜落現場近くにあるベルへ鉱山にはソ連軍の部隊が駐在していた。ソ連軍がいち早く現場に到着したこと自体はおかしなことではない。ただ、ヨンドンの言うように、何か納得できないものがあるのも確かだ。ソ連はモンゴルよりも早く墜落現場に入って、何か重要なものを持ち出したのではないか。そんな疑惑を抱いているのはヨンドンだけではない。

軍用航空地図のほかに少なくとももう一つ、ソ連側によって現場から持ち去られたものがある。墜落機のエンジンの一つである。理由は不明だが、墜落機はパキスタンから中国が購入したばかりの英トライデント機だったことを思い出してほしい。中国はこうした形で、友好国パキスタンから西側の技術を得ていたようだ。ソ連としても、英国のエンジン技術を調べる目的で事故現場から持ち去ったとの見方もできる。

「あの事件はナゾが多い。今から思えば、冷戦時代だったので、すべて自分たちの角度でしか物事を理解しようとしなかった。何が本当なのか、何がウソなのか、何も分からない時代だった。そのことが分かったのも、だいぶ後になってからだ。おかしなこと、解明されていないナゾはまだたくさんある」

### 中国側の懸念と苛立ち

ヨンドンの証言は続く。

すでに書いたように、モンゴルのもう一人の外務次官だったエルデンビレグが、中国大使の許文益に電話をかけてきたのは、ソ連への正式通告から三時間後の一四日午前八時のことだった。

この時間差は、当時のモンゴル外交の立ち位置をよく物語っている。午前五時にまずソ連に通告し、それから三時間後に中国に伝える。中国機の墜落であるにもかかわらず、こうし

1-5

墜落直後に撮影された林彪専用機の機体の一部〔モンゴル政府の資料から〕

た対応をすることで、関係の近いソ連に配慮した形だ。死者まで出ているのだから、最初に当事国である中国に通告してもいいようなものだが、外交官たちはそれとは違った論理で動くようだ。今なおこうしたことは、外交の世界ではよくあることなのだろう。

話を戻すと、中国大使の許をモンゴル外務省に呼び出したエルデンビレグは、そのとき、中国機の「領空侵犯」に抗議した。後で、中国大使の許とのやり取りに関する報告書を読んだヨンドンは、この時点では許も、林彪が墜落機に乗っていたことを、毛沢東ら中国共産党指導部から知らされていなかったと感じたという。

なぜなら、「中国大使の心配は明らかに、機内にどんな機密文書が残されていたかということだった。乗っていた人間については関心がないようだった。遺体の返還もこの時点では明確な要求はなかった」からだ。

ヨンドンは、墜落現場に入った中国大使の許の様子を監視していたモンゴル防諜部門の報告書に目を通したこともある。そこには、許はひたすら何かを探しているようだったと記されていたという。

これも何やらおかしい。許本人の回想録にそうした記述はまったくなく、逆に遺体の処理をめぐって、火葬にするか土葬にするか、火葬にした場合は遺骨はどうするのかなどについて、モンゴル側と具体的なやりとりをしたことが書かれていたからだ。

先に触れた回想録で許が述懐していたように、許は北京の中国外務省から指示を受けた後、その内容には触れずに「事態は私の想像よりもはるかに深刻だった」と書いていたのだった。北京は、大使本人が墜落現場に行くことを求めてきた。その目的は、機密書類の回収だったのだろうか。

中国側が遺体の返還を求めてきたのは、許が墜落現場に入った翌日の一六日。現場近くで遺体を埋葬した後だった。

モンゴルとソ連は要求に応じなかった。遺族が求めているから、との理由を中国側が伝えてきたときも、「ならば、亡くなった九人の名簿を出してほしい」と返答した。中国側は沈黙した。

「中国は我々の対応に明らかにイライラしていた」

ヨンドンはわずかに笑みを浮かべながら言った。

## 古ぼけた写真とブラックボックス

さて、墜落の現場では、航空地図やエンジンのほか、どのようなものが見つかっていたのだろうか。

私は別のモンゴル政府関係者を訪ね、回収品について話を聞いた。この人物は匿名を条件に取材を受けてくれたので氏名は明かせない。治安部門に長く務め、林彪事件に直接かかわってはいないが、個人的に興味を持ち、時には職権を使って当時の内部資料を調べてきたという。彼が見せてくれた資料についてはこの後、いくつかの場面で言及するが、私がまず興味を引かれたのは、彼の持っていた何枚もの古ぼけた写真だった。

事件の本質にかかわるものではないが、そのうちの一枚に目が吸い寄せられた。写っているのは機械の破片で、「SHIBADEN MAGNETIC TAPE」と書かれている。現在の芝電機の製品らしい。日本製のビデオ録画機とみられる破片が回収されていたのだ。

当時の中国に日本製の録画機があっても、何もおかしくはない。だが、五〇年近く前の事件が急に現実味を増したように私には感じられた。

モンゴル側は墜落現場で大量の写真を撮影した。回収した中国人民解放軍の識別票や軍用ピストルなども一つ一つ写真に収め、その数は三〇〇枚をゆうに超えたという。

　このモンゴル政府関係者によると、モンゴル政府は事件直後、現場近くのベルへ鉱山の見張り役三人から墜落の目撃情報を聴取していた。三人はこう証言したという。

　夜中にトランプをしていたとき、飛行機の音を聞いて外に飛び出した、機体は空中で爆発したように見えた——。

　ソ連軍が、林彪の専用機を中国からの侵入と判断し、撃墜したのではないか。どうやらこの証言は、そうした空中爆発説の元になった情報のようだ。これは後述するが、墜落機の翼に大きな穴が開いていたことも、攻撃を受けたという推測の根拠となっている。

　現場に駆けつけたオトコンジャルガルの話に戻る。彼は、ある秘話を明かしてくれた。

　それは、ソ連の調査団がブラックボックスを回収していたという事実だった。現場の判断で渡されたという。オトコンジャルガルは反対したが、モンゴル国防省幹部が遮って言った。

1-6

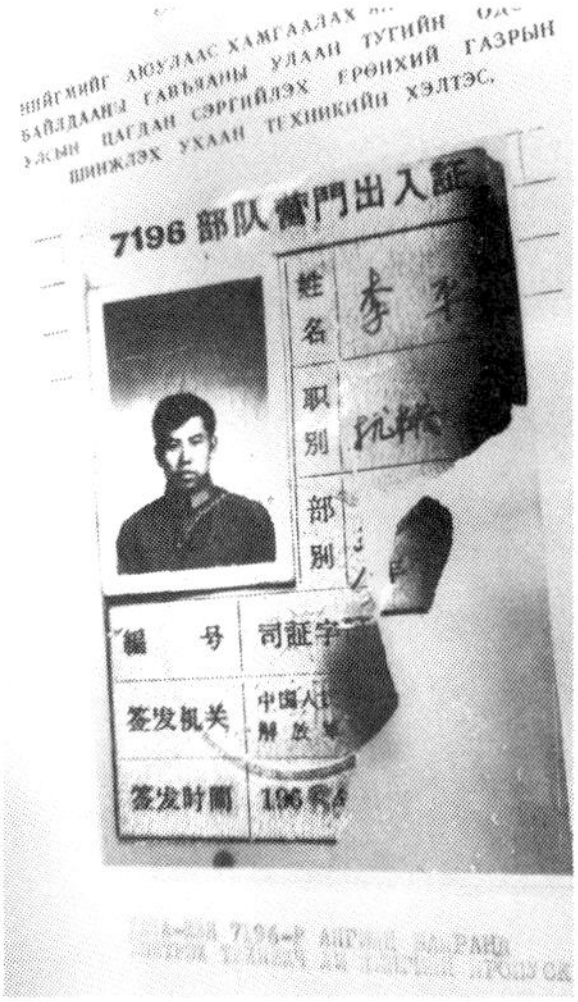


墜落現場からモンゴル政府が回収した、焼け焦げた身分証。機関士の李平のものとみられ、「7196部队（隊）营（営）門出入証」の文字が見える。李は当時33歳。副操縦士だった康庭梓によると、俊敏な行動力と朗らかな性格を持つ軍人だったという〔モンゴル側関係者撮影〕

「我々には調べる技術がない。ソ連に渡せ」

ブラックボックスの解析結果は今も明らかにされていない。林彪の専用機は結局、なぜ墜落したのか。事件がナゾであり続けている原因の一つである。

## 元外交官、孫一先の証言

中国大使の許文益とともに墜落現場に行った中国大使館員に、孫一先という元外交官がいる。彼もまた回想録を残していた。

大使館員の孫は、許が残した回想録と比べると、外交的なやり取りについてはあまり踏み込んで書いていないが、九月一五日、許とともに墜落現場に到着したときの様子は詳しく記述している。それによると、現地でまずモンゴル側は中国大使館側に対して、見て回ること、撮影することは許可したものの、現場にあるものを一切持ち出さないよう厳重に言い渡したという。

興味深いことに、二番、三番と番号が付された遺体の間で、孫はパイロットが用いる二つのブリーフケースを見つけている。一つは焼けていたが、もう一つはほぼ完全な形で残っていた。中を開けてみると、鉛筆などが入っているだけて、本来あるべき航空地図は入っていなかった。孫はモンゴル側に「地図はどこに行ったのか」と尋ねたが、答えてもらえなかったと記している。

モンゴル外務次官だったヨンドンの証言のところで書いたように、軍用航空地図には北京とウランバートル、ソ連のイルクーツクに丸印が付けられており、ソ連側はそれを現場から持ち去っていた。孫は中国政府の役人として、同じようにこの航空地図の存在に注目し、現場でそれを探していたことになる。

孫はこの回想録で、現場を一目見て、この墜落機は指導者クラスの専用機だと分かったとしている。そして、このブリーフケースのそばで拳銃を見つけている。全部で六丁（後にもう一丁見つかるので、実際には七丁だったと後に孫自身が訂正している）。うち五丁には「59SHI」という刻印が読み取れたという。モンゴル側がこの記号は何を意味するのか尋ねてきたので、孫は「一九五九年に中国で製造したとの型番号だ」と答えた。そのそばには、これら拳銃のものとみられる弾が四三発あった。孫は発射済みの薬莢がないか、すばやく確認したという。機内で何らかの争いがあり、拳銃が使われた可能性を検証しようとしたのだろう。拳銃のそばにはサブマシンガンが一台あった（実際には二台あったとも言われる）が、使われた形跡はなかったという。

こうした孫の振る舞いは、まるで現場検証をする捜査官のようだ。回想録を読みながら、本当に外交官なのだろうかとの疑問が頭に浮かぶ。経歴を調べると、案の定、職業外交官でないことがすぐに分かった。

一九二七年一一月生まれ。一九四六年に革命に参加、その後、中央軍事委員会の関係部門で参謀、処長などを歴任している。軍人、しかも軍の幹部としてモンゴルの中国大使館に派遣された人物だ。墜落現場を事件現場のように仔細に検証したのは、その職務ゆえだった。

さて、墜落現場で発見された七丁の拳銃については不思議なことが分かっている。うち一丁には銃弾が装填されていたというのだ。私自身がモンゴル政府関係者から直接聞いた話であり、中国で出版された関係書籍にもそのことが書かれていたので、間違いない。銃弾が装填されていたということは、機内で何らかの争いがあったことの証拠となり得る。誰かが誰かを脅していたのだろうか。これも林彪事件の大きなナゾの一つであるが、とりあえずは話を進める。

孫は墜落現場で一冊の小冊子を見つけている。赤い表紙は焼けてしまっていて題名などは読み取れないが、ページを開くと「隊長と同志たち」という文字があり、最後のページに「長い時間、熱烈な拍手が続いた」とあった。空軍幹部の演説を記録した内部文書だとすぐに分かった孫が読み進めていくと、中国空軍の技術改革などについて言及した箇所に行き当たった。これは国防秘密かもしれないと思いつつ、カメラのシャッターを切ったという。同時に孫は不思議に感じた。「なぜ、モンゴル側はこれらを回収せずにそのままにしているのだろうか」と。

後から考えると、孫はそれ以外にも極めて重要な書類を見つけている。空軍本部の正門と裏門を自由に出入りできる空軍通行証である。顔写真は貼られていなかったが、「林立果、男、二四歳」と記載されていた。そのとき孫は、この林という人物が誰であるかまだ知らず、墜落機の空軍乗組員だと思ったと振り返っているが、この林立果こそ林彪の息子だった。林彪は、妻の葉群と息子の林立果とともに専用機に乗っていた。

孫は軍人としての洞察力を働かせながら、現場に目をこらした。次に彼が注目したのは、女性ものの白っぽい革靴があったことだ。よく見ると、細かい装飾が施してある。おそらく中国製ではなく、外国製に違いない。発見された九体の遺体のうち一体は女性とみられたが、この女性はかなり地位の高い人物だろうと容易に想像できたという。このとき中国は、文化大革命の真っただ中にあった。いくら経済力があっても、政治的によほど地位の高い人でなければ、外国製の革靴など、批判が恐ろしくて履けるはずがなかった。

孫はこのとき、こうした分析結果をモンゴル側に提示してはいない。むしろ双方のやり取りのなかでは、中国側は当初、墜落機は民間機だと主張し、唯一の女性の死者はスチュワーデスに違いないとしていた。中国外交だけに限らないのかもしれないが、ずいぶん堂々としたウソの主張である。

## 二つの発見

中国大使館員の孫一先はこの墜落現場で、つよく疑念を抱かされるものを見つけてしまう。墜落機の主翼の根元とみられる部分に大きな穴ができていたのだ。

ひょっとするとこの穴は、地対空ミサイルが命中したことによってできたのではないかと孫は疑った。攻撃を受けて墜落したのだとすれば、事件の性質はがらりと変わる。ミサイルを発射したのはモンゴル軍か、それともソ連軍か……。

ただ、以前目にしたことがある、ミサイル攻撃で撃墜された台湾の軍用機の被弾跡とは明らかに形が違った。いずれにしろ記録に残さなければならないと思った孫は、いろいろな角度から写真を撮りまくった。「間違いなく、私の行動はモンゴル側の注意を引いてしまっただろう」。

もう一つ、孫は興味深い発見をしている。それは九体の遺体すべてが、腕時計をしていなかったこと、靴を履いていなかったことだ。モンゴル側の協力を得て、現場で腕時計を探すと、ちょうど九つ見つかった。これは何を意味するのか。

孫の推理はこうだ。ミサイル攻撃を受けたとする先の見方とは矛盾するのだが、搭乗機が草原に不時着しようとしていた可能性である。なぜなら、不時着を試みる際、パイロットは乗員たちに対して、着陸のショックで身体を傷つける恐れのある固いものを身体から外すよう指示することがあるからだ。だから、遺体はみな、腕時計を外し、革靴を脱いでいたのではないか。孫はそう考えた。だとすれば、墜落機は不時着に失敗して炎上したということになる。

## 国際列車で北京へ

孫一先が大使の許文益とともに、墜落現場であるヘンティー県ウンドルハンの草原から約三五〇キロ離れた首都ウランバートルに戻ったのは、事件から四日後の九月一七日朝だった。空港には大使館の幹部たちが出迎えに来ていた。幹部たちは慌てた調子で言った。「本省から何度も電話があり、現場の状況はどうなのか報告しろとのことでした。現場に行って丸一日以上、何の連絡もないのはどういうことだと」。

許らは慌てて大使館に戻って、北京の中国外務省に報告をした。すると、より詳しい報告のために大使館員を北京に一時帰国させろということになったという。選ばれたのは孫だった。なるべく急げ、飛行機でもいい、ということだったが、空路の場合はソ連経由しかなかった。関係が悪化している中ソ関係のことを考えると、中国機墜落事件の報告をする外交官がソ連を経由するのは安全ではないと判断され、孫は国際列車でウランバートルから北京を目指すことになった。

孫はこの国際列車での帰国の旅のさなかに、以前とは違った光景を目にすることになる。それは当時、モンゴルに駐留していたソ連軍部隊の動きが活発化している様子だった。主要幹線道路には軍用車両が目立ち、空には戦闘機の轟音がいくども響いていたという。国境を越えると、今度は中国側も同じような状況にあることが分かった。中国軍部隊がモンゴルとの国境近くに集結しているようだった。人民解放軍の軍用車両や重火器を積んだ軍用列車も目撃した。モンゴルでの中国機の墜落事件を受けて、中ソの軍事的な緊張が高まっていることを孫は痛感したという。

孫を乗せた国際列車が北京駅に到着したのは九月二一日の午後三時半だった。迎えに来ていた中国外務省幹部は、孫が持ってきた墜落現場を撮影したフィルムを受け取ると、現像処理にすぐに回すよう部下に指示した後、孫に対してこう言ったという。「まずは休んでくれ。でも、報告をしてもらうので、準備しておいてくれ」。

北京市中心部にある外務省の招待所に案内され、シャワーを浴び、食事をとった後、孫が報告の準備をしていると、ドアをノックする者がいた。時刻は夜の一一時半だった。ドアを開けると女性が立っていて、「私は王海容です」と名乗った。当時の中国人なら誰もが知る外務省の有名幹部で、毛沢東の親族として中国指導部の要人たちのそばに常に控えている女性だった。

王海容に連れられて孫は人民大会堂に向かった。天安門広場に面した巨大な建物だ。今もこの場所では、中国の国会に当たる全国人民代表大会が開かれたり、外国から要人が訪中した際に中国高官と会談するのに使われたりしている。一九五〇年代につくられた、この中国政治を代表する建築物は当時、一部の高官の執務室や住居としても使われていた。

**最高権力の象徴、中南海**

当時、毛沢東が住んでいたのは、党中枢機関が集まる中南海だった。北京市中心部の故宮の西側にある一角で、清朝の時代までは皇帝の御苑に使われていたが、中華人民共和国の成立後、毛沢東をはじめ共産党要人が居住し、かつ仕事場としたところである。現指導部の習近平らもこの一角に住んでいるとされる。

米国のホワイトハウス、ロシアのクレムリン、韓国の青瓦台などと同じように、中国の中南海といえば、最高権力を象徴する言葉でもある。話はずれるが、一九七二年のニクソン大統領の電撃訪中や、同じ年の田中角栄首相の日中正常化の際の訪中で、毛沢東が日米両国の指導者とそれぞれ会った場所も、この中南海の執務室兼住居だった。

一方、毛沢東の妻の江青ら文革推進派、あるいは後に「四人組」と呼ばれた高官たちは北京市西部の釣魚台迎賓館を拠点としていた。そして首相の周恩来は中南海に住居があったのにもかかわらず、中南海の南側に位置し、地下でつながっているとされる人民大会堂で主に寝泊まりしていた。つまり、主な要人たちはそれぞれ分散した場所で執務室兼住居を構えていたことになる。このあたりは当時の中国指導部内の政治的な緊張が極度に高まっていたことを暗示するものだが、今はこれ以上触れない。

## 深夜の報告会

さて、モンゴルから北京に報告に来た中国大使館員の孫一先が入ったのは人民大会堂のなかの「福建庁」（福建の間）と呼ばれる部屋だった。

中央のソファに座っていたのは首相の周恩来、ほかに外相代理の姫鵬飛らが孫を待っていた。深夜の報告会は延々と続いた。一体この墜落事件は何なのか——。七〇歳を超える周恩来は質問をやめなかった。墜落機に林彪が乗っていたことをまだ知らされていなかった孫は、戸惑った。午前二時を回ったころだったか、孫が現場で見つけた空軍幹部の演説記録に言及したとき、周恩来の態度が変わった。最後のページに「長い時間、熱烈な拍手が続いた」とあった内部文書だ。孫が持ち帰ることはモンゴル側が許さなかったと話すと、周は厳しい口調で非難した。「なんでそれを持ち帰ってこなかった。国家機密に対して無責任だ。おまえは本当に共産党員か」。

回想録で孫はあることを明かしている。

駐モンゴル大使の許文益の回想録では、中国外務省が在モンゴル中国大使館に最初に送った指示がどのような内容だったかはっきりしなかったが、孫によれば、そのなかに「（墜落現場で）焼けていない書類があれば、（モンゴル側に対し、中国への）引き渡しを要求せよ」という文言があった。孫は墜落現場で見つけた内部文書とみられる演説記録を持ち帰らなかったことで周恩来に厳しく批判されながら、その指示の重要性を改めてかみしめたという。

周恩来としては、林彪が中国軍の機密資料を持ち出し、それがソ連の手に渡るのを恐れていたのだろう。結局、報告が終わったのは九月二二日の午前三時を回っていた。周恩来は打って変わって優しい表情で言った。「こんなに遅くまで、さぞ疲れただろう。夜食を食べて、休みなさい」

孫は福建の間を出ようとして後ろを振り返ると、周恩来はすでに別の報告を受け始めていた。孫は人民大会堂の廊下に置かれたソファに座り、服務員が運んできたチキン味のラーメンを食べた。本当に疲れていた。招待所に送ってもらい、ベッドに潜り込んだ。

孫の報告書は周恩来から直接、毛沢東の手に渡ったとされる。

さすがに孫もそのときには、この事件が尋常なものでないことは十分に感じ取っていた。しかし、周恩来や中国外務省の幹部たちは墜落機に乗っていたのが誰だったのかを孫に明かさなかった。それが毛沢東の後継者である林彪だったと孫が知るのはそれからさらに一二日後の一〇月三日。党幹部向けの内部文書によってだった。「私の脳みそはドーンという音をたてて、巨大に膨らんだ。なんと彼（林彪）だったとは……」孫はそう回想録に記している。

ここまでモンゴルの地で、林彪が乗った専用機が墜落したことで生じた動きを追ってきた。では、このとき、中国内では何が起きていたのか。林彪はなぜ専用機でモンゴルに向かったのか。次章では事件が起きた一九七一年九月一三日前後、毛沢東をはじめとした中国指導部の動静を探っていく。

# 第二章

# 中国ではその夜、何があったのか

事件があった日の前後、中国では、いったい何が起きていたのか。

当時の関係者が書いた資料を探すなかで、北京軍区司令員だった李徳生という元軍高官の回顧録を見つけた。一九一六年生まれ。朝鮮戦争にも参加し、後に中国共産党副主席にまで上り詰め、林彪事件の党中央調査チームの責任者を務めた人物である。事件当時の「司令員」という肩書は日本語では「司令官」と訳されることもある。つまり、北京を守る首都部隊のトップだとイメージすればいいだろう。

## 「私は主席はやらない」

回顧録によると、一九七一年九月一二日午後一時すぎ、李徳生はほかの党高官とともに、北京市南西にある豊台駅のプラットホームにいた。最高権力者の毛沢東が、二九日間に及ぶ浙江省などでの「南巡視察」を終え、専用列車で戻ってくるのを迎えるためだった。

豊台駅が使われたのは、北京駅に比べて目立たないという警備上の理由からだろう。余談だが、北朝鮮の総書記だった金正日が中国を秘密訪問した際にも豊台駅が使われた。党の思考方式は時がたっても変わらないところがあるようだ。

話を戻す。長旅にもかかわらず、疲れを感じさせない活力が毛からは見て取れたと李は記している。毛は専用列車から降りてこず、李らを列車内に招き入れて、「国家主席職は設けない。私は主席はやらないと六回は言った。でも、彼らは聞かない」と言ったという。いったい何のことだろうか。説明しよう。「彼ら」とは林彪や最高指導部のメンバーだった陳伯達のことを指す。毛は党主席であり、国家主席の座は廃止されていたが、前年（一九七〇年）に開かれた党の重要会議「廬山会議」で、国家主席職の復活が、陳伯達から提起されていた。毛はそれまで、同様の提起に六回も反対してきたのに、林彪や陳は言うことを聞かずに復活するよう提案してきたと毛は言っているのだ。

もともと陳伯達は毛の秘書だったが、党内序列四位にまで上り詰めていた。ところがこの廬山会議で失脚。毛は、党規約で後継者と明記した林彪にも強い不信感を抱き、二人の関係は緊張をはらむものとなっていた。

林彪の専用機がモンゴルの草原に墜落したのは一九七一年九月一三日の未明。その一三時間ほど前に、毛沢東は視察先から北京に戻ってきて、高官らを前に林彪への批判を暗示する発言をしていたことになる。

李徳生は、毛のこの言葉を聞いて、「林彪との闘争はまだ終わっていないと感じた」と率直に書いている。この解釈はきわめて正しい。だが、事態はもっと深刻だった。

後に党が認定した事実、つまり公式発表によれば、このとき毛は、予定を急遽早めて北京に戻ってきていた。なぜなら、林彪が毛を暗殺しようとしていることが分かり、これを避けるため、当初の予定を変更したからだ。この時点で李徳生はそこまでは知らなかったが、林彪側も毛の突然の日程変更を知って、自分たちの暗殺計画が発覚したと気づき、急遽、方針を転換し、逃亡を図ったとされる。

このあたりの経緯は、なぜ林彪事件が起きたのか、なぜ林彪はソ連に亡命しようとしたのかといった事件の根幹にかかわる点なので、第三章と第四章で詳しく書く。まずは、この九月一二日の動きを追っていきたい。事件が起きたのは、李徳生が北京で毛沢東を出迎えた、その夜のことだった。

## 事件発生当日、夜

李徳生は、人民大会堂の「福建の間」と呼ばれる部屋で開かれた会議に、首相の周恩来らとともに出席していた。周は当時、この部屋を執務室として使っていた。

午後一〇時すぎのことだったという。会議を主宰していた周に突然、電話がかかってきた。周は電話室に向かい、会議は中断された。そして、日付が変わっても、周は戻ってこない。午前〇時を過ぎてしばらくして、周に呼ばれた李徳生は、こう告げられた。「林彪が飛行機に乗って逃げた。すぐに空軍指揮室に行って、指揮をしてくれ」

話を急ぎすぎたかもしれない。少し時間を戻そう。午後一〇時すぎ、周にかかってきた電話とは何だったのか。いったい誰がかけてきたのか。まずはそこから見ていこう。

党中央弁公庁主任（日本の官房長官のようなポスト）だった汪東興は自らの回想録のなかで、この夜、人民大会堂にいた周に電話したのは自分だと明かしている。毛沢東の警備責任者をしていた汪は毛に気に入られ、党高官への出世の階段を登ってきた人物だ。日本ではあまりなじみがないが、毛沢東時代の中国政治のキーマンの一人といえる。

その回想録によると、汪はこのとき、要人警護を担当する党警衛局副局長（党中央警衛団団長）を務めていた張耀祠から、「林彪が動こうとしています。どうしますか」という内容の緊急電話を受け、すぐにそのことを電話で周に伝えたという。

## 林彪の娘による密告

張耀祠はこの情報を、林彪の娘、林立衡の密告から得ていた。林立衡と母親の葉群は関係が悪かったとされる。この日、林彪の家族は河北省の避暑地・北戴河にある中央療養院六二号（九六号と呼ばれることもある。その違いはよく分からない）と呼ばれる二階建ての宿泊施設で過ごしていたが、林立衡は自分以外の家族、つまり林彪と葉群、そして息子の林立果が何やら密談していることに気づく。林立衡はそのことを、林彪の警備を担当していた軍幹部に密告し、その軍幹部が張耀祠に報告したのだった。

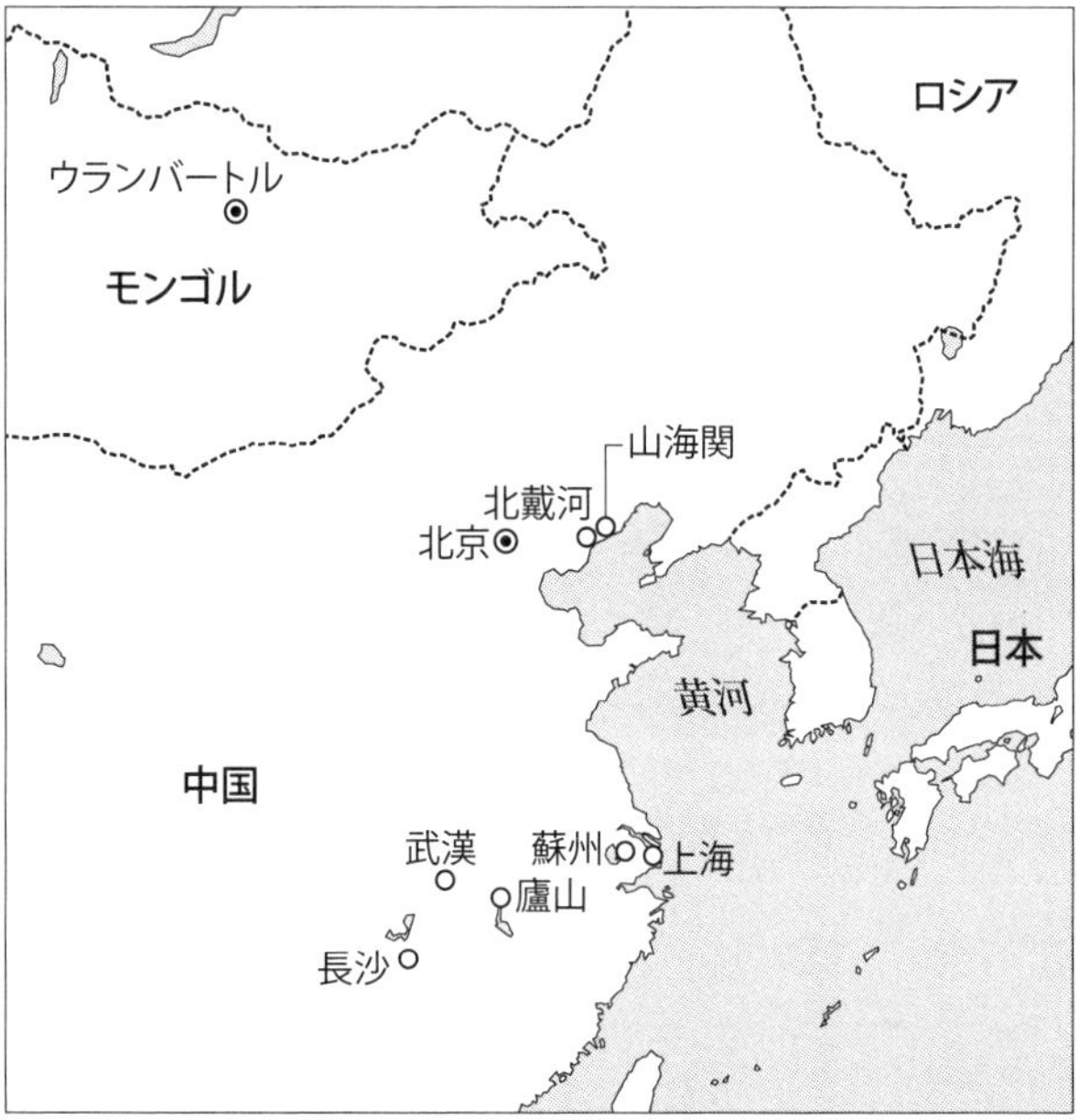


周恩来は「報告は信用するに値するか」と質問した。汪東興が「信用できます」と答えると、さらに詳しく調べて再度報告するよう指示されたという。さっそく汪が、密告を受けた軍幹部に連絡を入れると、林彪の息子の林立果が、北戴河に近い山海関の飛行場に林彪の専用機を待機させているとの報告があった。

だが、別の資料を見ると、汪の回想とは異なることが書かれている。たとえば、党中央文献研究室が編集した『周恩来伝』には、汪から電話がかかってきたこと自体が書かれていない。周に電話をかけてきたのは張耀祠・党警衛局副局長ということになっている。

こうしたところが、林彪事件の不思議なところだ。『周恩来伝』は党が正式に認定した周恩来についての記録である。一方、党高官まで上り詰めた汪の回想録も、党の批准を得て刊行されている。党のお墨付きを得た二つの記録の間に、こうした矛盾が存在することにまず驚く。そして、疑問が湧いてくる。林彪事件には、党が承認したこうした記録には記されていない、隠された真実が多々あるのではないかと。

林彪事件の関係者による回想録を読み込むと、ほかにも複数の矛盾がある。党の公式見解から外れないよう配慮しているのが感じられるが、それでも事実関係の微妙なずれが生じているのだ。いずれも小さな矛盾だが、それこそ林彪事件がナゾにつつまれた事件であり続けている理由の一つである。このあとにも同じような矛盾が数多く出てくる。だが、まずは汪東興の回想録をもとに、その夜の周恩来の動きを追ってみることにしよう。

首相の周恩来が電話室に行ってしまい、人民大会堂での会議が中断されたことはすでに書いた。周は汪東興、あるいは張耀祠、もしくはほかの誰かから電話報告を受け、林彪が逃亡しようとしていることを知ったとして、問題はその後だ。周は人民大会堂のなかの東大庁と呼ばれる大広間へ移動し、そこでこの問題に対処することにした。

## 周恩来と葉群の意味深な会話

午後一一時半、周恩来は北戴河にいる林彪の妻、葉群に自ら電話をかけた。そこに専用機が準備されているのかと周が尋ねると葉は否定し、その後、禅問答のような会話を続けた。汪東興の回想録によると、このときの周と葉のやり取りは以下のようなものだったという。

葉「(専用機は)ありますよ。息子が乗ってきたのがね。父親(林彪)はもし明日、天気がよければ、空を飛びたいと言っています」
周「もしやどこか別のところに行く気ではないでしょうね」
葉「もともとは大連に行こうと思ったのですよ。ここは寒いから」
周「夜間飛行は危ないですよ」
葉「私たち、夜には飛びませんよ。明日の朝か午前に天気がよければ、飛びますよ」
周「飛んではいけませんよ。危ないです。気象状況をよく把握してくださいね」
周「必要があれば、私が北戴河に行って、林彪同志とお会いしますからね」
葉「あなたが北戴河に来れば、林彪は緊張して、不安になってしまいますよ。総理はいらしてはいけません」

専用機での逃亡を考えている葉と、それをやめさせようとしている周。そのことをお互い分かっていながら、そのことには触れない、何とも意味深なやり取りである。この後、周は林彪のいる北戴河に自ら行くつもりで飛行機の準備を指示している。事態は緊迫していると周は判断していたようだ。

## 謎を生むもう一つの記録

一方で、張耀祠・党警衛局副局長が残した回想録を読むと、周恩来と葉群の電話でのやり取りの内容は、汪東興の回想録でのそれとは少し違っている。そもそも、このときの電話は周がかけてきたのではなく、逃亡しようとしていることを隠すために、葉が自らかけてきたことになっている。ここにも小さな矛盾を見て取ることができる。なぜこうした矛盾が生じるのか。まずは張耀祠が書き残した、二人の電話でのやり取りを見てみよう。

周「機中ですか。それとも地上にいますか」
葉「機中ですよ」
周「飛行機があったのですか」
葉「ありませんよ。総理に報告した後に手配したのですよ」
周「夜間飛行は危ないですよ」
葉「大丈夫ですよ。林彪は夜景を見たいと言っています」

電話があったのは、汪東興が書いたのと同じ午後一一時半。同じ時刻に二度の通話があった可能性もゼロとは言えない。だが、そうだとすれば、なぜそう記さないのか。しかも、専用機はまだ離陸していないはずなのに、何とも不可解なやり取りである。それに汪の回想録では、汪と張は最初の報告があった後、毛沢東が住んでいる中南海の事務室で一緒に待機したことになっている。だとすれば、この違いは何を意味するのか。

張耀祠はもう一つ、興味深い証言をしている。午後一一時四〇分、つまり周と葉の通話が終わった直後のこと、北戴河にいる警備担当の軍幹部から、逃亡のための車を林彪夫妻が準備したとの報告を張は受けている。それに対して張は、「彼ら（林彪夫妻）が出発するとき、お前たちは後を追え。特に、どこに向かうのかに注意しろ」と指示を出したという。

林彪たちが、近くの山海関の飛行場に向かったとの報告があったのはその直後とみられる。両親と兄の林立果のこうした動きについて、娘の林立衡は警備中の軍幹部に対して、こう言ったという。「葉群と林立果が、林彪を連れて逃げた。彼らは毛主席をひそかに傷つけようとしている。飛行機を飛ばして中南海に爆撃しようとしているわ……」

**林彪の娘、その口述書**

この夜の動きを、今度は林彪サイドに視点を移して見てみよう。北戴河ではいったい何が起きていたのか。

まずは密告をした娘、林立衡の口述書を見てみよう。一九八〇年にまとめられ、河南省の党当局に提出したとされるものだ。なぜ河南省という地方の党当局に提出されたのかについては若干の説明が必要だろう。

2-1

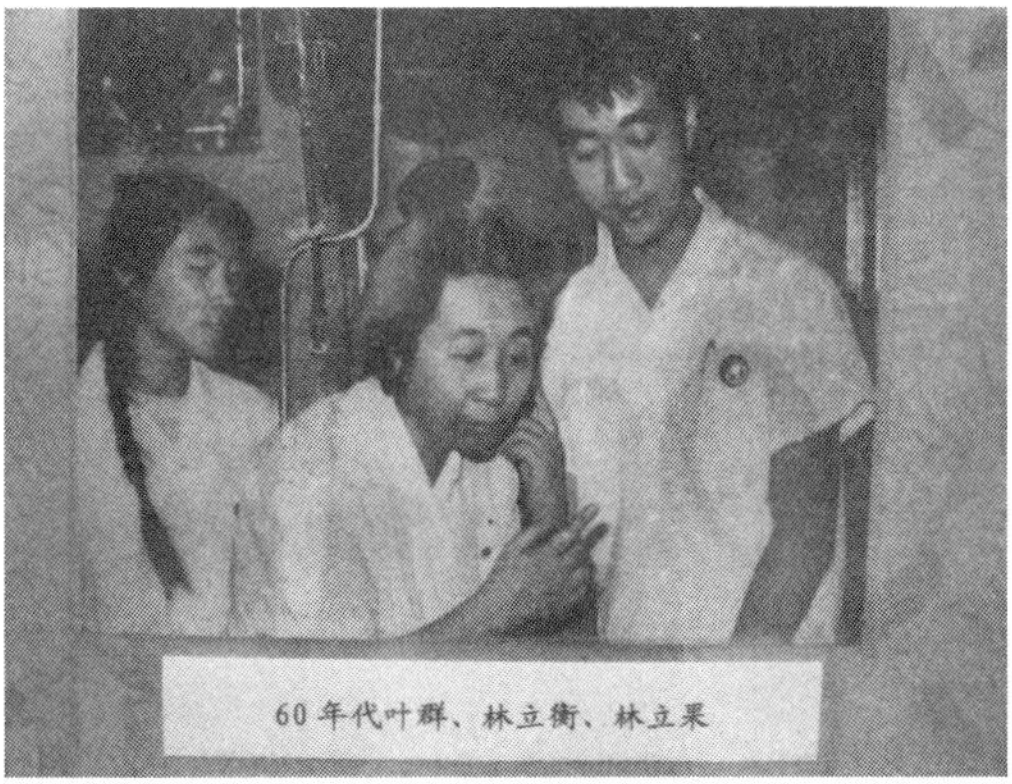


湖北省にある林彪の生家に飾られていた、1960年代に撮影された林彪の家族の写真。左から娘の林立衡、妻の葉群、息子の林立果

林立衡は一九四四年生まれ。別名を林豆豆という。父親の林彪が豆料理が大好きで、娘をそう呼んでいたという説がある。中国では本名とは別に幼い頃の呼び名があるのは珍しいことではない。成人してからも、「豆豆」という呼び方を本人が好んでいたのは、おそらく父親への強い思いからだろうと言われている。父親を深く敬愛する一方、母親には強い嫌悪感を抱いていたというから、ファーザーコンプレックスの持ち主だったのかもしれない。

軍幹部に密告をしたのも、母親への反発心からだったとみられる。だが、その結果、林彪を乗せた専用機は墜落し、母親や兄だけでなく、愛する父親も帰らぬ人となった。本人は強いショックを受けたようだ。

しかも党当局は、彼女の密告によって林彪らの動きを知ることができたのにもかかわらず、毛沢東の暗殺を企てた林彪一家の一人として彼女を扱った。事実上の軟禁状態にされた林立衡はそのことに耐えられず、事件から三年後の一九七四年に自殺未遂事件を起こしている。毛沢東は彼女が冷遇されていることを知り、改善するよう指示した。そのおかげで林立衡は、河南省の農場での仕事を割り当てられた。当時の中国は改革開放政策をまだ始めておらず、社会主義計画経済の時代だった。党当局が仕事をアレンジしなければ、いかなる職にもつけなかった。

林立衡の口述書がなぜ河南省の党当局に提出されたのか、その理由がこれでお分かりいただけたのではないだろうか。つまり、この口述書は、林立衡の新しい職場である農場を管轄する地元当局の幹部に対して、林彪事件についての自らの立場を改めて説明するために提出されたものなのだ。こうした経緯でまとめられた口述書をどこまで信用していいのか、判断の分かれるところだと思う。だが、真実は細部に宿るはずだ。検証していくしかない。

事件が起きた九月一二日の夜、午後九時を少し回ったころだったという。場所は林彪や妻の葉群らが滞在していた河北省北戴河の施設。林立衡は、林彪の看護士から父親と母親が不穏な会話を交わしていると聞かされた。それによると、葉群は「広州に行くのはダメで、香港に行くのはいいのか?」と尋ね、林彪は何も答えなかったという。林立衡は兄の林立果に直接尋ねた。「どこに行くというの?」。兄は言った。「広州に行く」

林立衡は口述書にこう記す。「私が警備責任者に報告し、求めたのは、林彪が国を裏切って敵に投降するということではありません。(林彪が)だまされているだけで、決して逃げようとしているのではない。だから、林彪の安全を確保してほしい、ということでした」。林立衡はその夜、同じ要求を計五回にわたって、警備責任者を通じて党警衛局副局長の張耀祠に伝えたという。

林立衡がここで言いたいのは、あくまで自分の密告は父親を守るためだったということだ。本当にそうなのかもしれないが、実はこの証言は、新たな問題提起にもなっている。つまり、林彪は本当に自分の判断でソ連に亡命しようとしたのか、という疑念が生じてくるのだ。

中国共産党は、この事件の首謀者はあくまで林彪だと見なしている。それが公式見解であり、共産党が事件後に描いたシナリオだ。ところが、実はそれを証明する直接的な証拠はほとんどない。だから、妻子に無理やり逃亡させられたとする説がくすぶり続けている。娘の林立衡はまさに、口述書でそう主張しているのだ。仮に林彪本人の意思で飛行機での逃亡を図ったとしても、目的地がソ連だったかどうか、疑問は尽きない。

## 警備責任者の証言

共産党のシナリオを裏付ける主要な証拠は、林彪の警備責任者の一人である李文普の証言なのだが、どうもはっきりしないところがある。

李文普が一九九九年に発表した口述文書によると、事件が起きた九月一二日の夜、林彪らが河北省山海関の飛行場へ向かう際に李はその車に同乗していた。林彪と息子の林立果とがこんな会話をしていたと李文普は口述文書に記す。

林彪「イルクーツクはどのくらい遠いのか。飛行時間はどれくらいだ?」

林立果「遠くない。すぐに着く」

李文普自身はこのとき初めて、林彪がソ連亡命を企てていることを知ったという。慌てて車を止め、同行を拒否すると、林立果に「裏切り者」と非難され、銃で撃たれて負傷した。李文普はそう主張している。

しかし、この証言の信頼性を疑う指摘もある。それによれば、負傷したとする傷は不自然で、証言と合わないというのだ。林彪の婿である医師が事件直後に李文普の傷を見て、「一目で自傷だと分かった」と言ったとされる。

もちろん、李文普の証言が偽りだと言い切ることはできない。林彪をはじめ、専用機に乗った九人全員がモンゴルの草原で死んでしまっているからだ。

## 逃亡劇の目撃者

一九七一年九月一二日の夜、車に乗った林彪らはそのあと、どう動いたのだろうか。

北戴河の施設を車で出発した林彪らは、河北省山海関の軍用飛行場から専用機で飛び立った。このときの逃亡劇を、この飛行場で実際に目撃した中国の元軍人に私は会うことができた。

康庭梓（七四歳）。空軍パイロットだった康は、林彪の専用機の副操縦士だった。専用機の乗組員は、操縦士や通信士ら計九人で構成されていた。康はそのなかの一人だった。

康は副操縦士なのに、なぜ林彪と一緒に専用機に乗ってモンゴルで墜落死しなかったのだろう、そう思う人がいても当然だ。私も最初に康に会って、林彪の専用機の副操縦士だと自己紹介されたときに、幽霊に会っているような気持ちになった。だが、それには訳があった。

その夜（九月一二日）の午後一〇時ごろ、康は山海関の軍用飛行場内の宿舎で、仲間の乗組員とともに翌日の飛行計画についてミーティングをしていた。リーダーであるパイロット

2-2

林彪の専用機の副操縦士だった康庭梓〔北京市内〕

の潘景寅が言った。「明日の航路については、どこに行くのかまだ分からない」

乗組員たちは少し不安を感じ、二つの質問をした。行き先が分からないなか、どの地域の天気図を用意すればいいのか、行き先の飛行場などの情報はなくてもいいのか、と。今と違って当時はGPSもなければ、機械化も進んでいない。必要な準備ができないことに、康ら乗組員はひどく心配した。

パイロットの潘は、行き先が分からないので、全国スケールでの気象図を用意するように指示し、「明日は午前六時起床、六時半朝食だ。早めに飛行場に出てくれ」と言った。最後に女性乗組員から専用機に備え付けの湯飲みを誤って割ってしまったとの報告があり、ミーティングは終了した。時計を見ると、午後一〇時四〇分だった。

康らは午後一一時には床についた。その時間の山海関の軍用飛行場は、とても静かだったという。昼間の疲れから、康はほどなくして深い眠りに引き込まれた。

パンッ、パンッ、パンッ。激しくドアをたたく音で目が覚めた。次いで「首長（林彪のこと）が来たぞ、起きろ」という叫び声が耳に響いた。

2-3

墜落した林彪の専用機〔康庭梓提供〕

後から推測すると、日付は変わっていて、一三日の午前〇時二〇分ごろだったと思われる。

慌てて靴を履こうとした。まず左足を黒い革靴に突っ込み、右足の靴に取りかかった瞬間だった。屋外でゴーッと専用機のエンジンがかかる音がした。

慌てて宿舎から飛び出すと、闇の中、ライトに照らされた専用機の銀色の機体が見えた。最初に脳裡に浮かんだのは、自分たち乗組員を乗せずに、どうして専用機が離陸しようとしているのか、という疑問だった。

専用機は轟音を立てて、滑走路に向けて動き始めた。徐々にスピードを上げていく。

続いて目に入ったのは、飛行場内に滑り込んできたトラックだった。荷台には何人もの武装兵が乗っていた。

トライデント型ジェット機のエンジン音はすさまじい。その爆音に紛れるように、兵士たちが叫ぶ。「撃て」「撃つな」といった声が周囲に飛び交った。

さらに軍用小型車が入ってきた。そこから降りた一人の将校の左手が、康の右肩をつかんだ。将校は、右手に持った拳銃を専用機の方に向けながら、康に向かって怒鳴った。

「お前、すぐに飛行機を止めろ」。陸軍の制服。強い山東省なまりが今も耳に残る。

びっくりして、動けなかった。専用機はすでに離陸を始めていた。

空軍の習慣通り、隣に立つ乗組員が離陸と同時に腕時計を見た。飛行機の離陸時には必ず時刻を記録するようにとの教育を受けていた。時計の針は一三日午前〇時三二分を指していた。

## 「なぜ我々は取り残されたのか」

林彪の警護担当だった劉吉純も、このときのことを回想録に書き残している。彼は党中央の近衛部隊である八三四一部隊に所属する軍人だ。それによると、河北省北戴河の施設から林彪の車を追いかけたという。山海関の飛行場に着いたとき、専用機はちょうど離陸した後だった。暗闇に包まれた滑走路の近くに、林彪たちが乗り捨てた黒塗りの高級乗用車「紅旗」と、途方に暮れる兵士たちの姿があったと書き記している。

飛行場に取り残された乗組員は康庭梓ら計五人だった。「九引く五は四」。簡単な数式が康の頭に浮かんだ。専用機に乗っていたのは、パイロットの潘景寅とエンジニア三人の計四人であり、康たちの脳裡に浮かんだのは、「なぜ我々は取り残されたのか」という疑問だった。

五人は呆然と飛行場にたたずんだ。そのうち、一人が言った。「どこに飛んでいったのだろう。燃料は二時間ぐらいしか持たないぞ」。つまり、午前三時ごろには燃料は尽きる。飛行場には給油しかけた跡があった。本来は給油を済ませてから出発するはずだったのが、慌てて給油作業を中断して飛び立ったようだった。

「二五六号、二五六号、命令です。すぐに戻りなさい」。専用機が飛び立った後、山海関の飛行場の管制塔は無線で繰り返し帰還を求めた。二五六号とは、林彪の専用機の番号だった。ところが、離陸から一四分後の午前〇時四六分、山海関のレーダーから専用機の機影は消えた。

後に分かることだが、専用機には林彪と妻の葉群、息子の林立果、その仲間である空軍司令部幹部の劉沛豊、パイロットの潘景寅ら乗組員四人、そして運転手の計九人が乗っていた。なぜ、副操縦士だった康をはじめとする残り五人の乗務員を乗せずに飛び立ったのか。康は事件後、この疑問とずっと向き合ってきた。自らの記憶をたどり、手がかりを探った。そして、一つの仮説にたどり着いたという。康は私に言った。

「わざとそうしたのさ。乗組員は少なければ少ないほどよかったからだ」

康が思い出したのは、山海関を目指して専用機が北京の空港を出発するときに、操縦士の潘景寅が一六トンの燃料を給油するよう指示したことだった。

目的地が山海関ならば、往復するのに必要な給油量は一二トンである。「（山海関から）北京に戻るのではなく、別の場所に行くのだろうか」。康は不思議に思った。

山海関に着いた後、潘は乗組員に対し、燃料を追加して計一七トンにするよう指示した。だが、康が疑問を口にすると、「明日にしよう」と言ってあっさり給油をやめたという。林彪を乗せた専用機が飛び立つ約三時間前のことである。

康は推測する。

計一七トンは、広州への飛行燃料にほぼ相当する。潘は、林彪らが当初考えていたとされる広州行きを想定していた可能性がある。だとすれば、ソ連に行くとは思っていなかったに違いない。もし知っていれば、満タンに近い二一トンを指示したはずだし、必ず実行していたはずだ。分かっているのに給油をしないというのは自殺行為だ。そんなことをする必要もない。

**元副操縦士、康庭梓の推理**

もう一つ、康庭梓は潘景寅の謎めいた言葉を思い出したという。九月一二日の夜、山海関の軍用飛行場でミーティングが始まる直前のこと、「今、二つの路線闘争はとても複雑だ」、潘はそうつぶやいていた。

「二つの路線闘争」とは何だろうか。林彪をめぐる政治闘争を指していたのだろうか。林彪に何らかの危険が迫っており、専用機で逃亡しなければならないということだったのかもしれない。

2-4

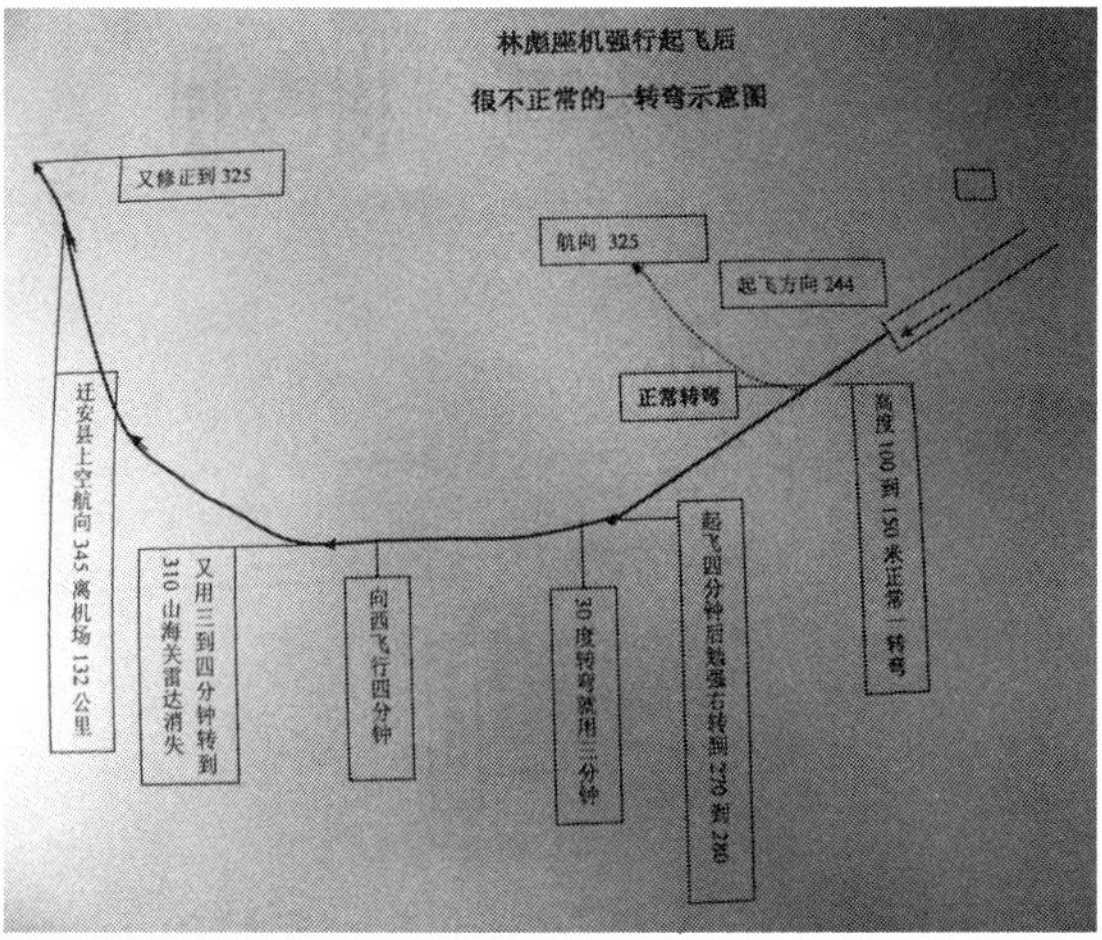


レーダーの観測値をもとに専用機の航路を描いた図。いったんは西を目指しながら、途中で北西に針路を変更したことが分かる〔康庭梓提供〕

いずれにしろ、パイロットの潘景寅は事前に何か知っていたのではないかと康は思った。行き先ははっきりしていなくても、突然、飛行を求められる可能性があると知っていたからこそ、ある程度の給油をしておこうとしたのではないか。

あるいは林彪らは、逃亡の際に乗組員が少ないほうが好都合だと考え、潘にそう指示したのかもしれない。

康はレーダーの記録も調べた。専用機は山海関から南西に向けて離陸し、四分後に針路を西へ変更し、そのまま四分ほど飛び、今度は北西に向けて少しずつ旋回した。

この不自然な旋回こそが、「潘の迷いを示すものだ」と康は言う。最初から北西を目指していたのなら、離陸して高度を上げながら、すぐに方向転換をするのが、最も無駄のない飛び方だ。そうしなかったのには当然、理由があるはずだった。

康は推理を働かせた。山海関で給油をしなかったので、離陸時の燃料は推定で一二・五トン。ソ連に行くには不十分な量だと潘は判断していたはずだ。だとすれば、当初、北京など近場の飛行場への着陸を目指した可能性が考えられる。しかし、レーダーの記録を見れば、専用機はソ連の方向へ飛び続けた。何が潘の判断を変えさせたのか。

機内で争いが起きた可能性はないだろうか。

第一章で書いたように、墜落現場からは七丁の拳銃が見つかっている。うち一丁は、銃弾が装塡されていた。行き先をめぐって、機内で何らかの争いがあったとすればどうだろう。潘が北京行きを主張したにもかかわらず、それが拒否されたなら、どうなるだろうか。林彪たちは、毛沢東暗殺計画が当局に知られたことを分かっていたとみられる。国外に逃げなければ、自分たちの命は危ないと思っていたはずだ。燃料不足を理由にソ連には行けないと言われても、だからといって北京行に同意するとは思えない。パイロットを拳銃で脅して、無理やり北上させた可能性はないだろうか。潘は機内で脅されていたのではないのか……。

そういえば、林彪の警備責任者の一人、李文普は、林彪たちが山海関の飛行場へ向かう車に乗っていたが、ソ連亡命を企てていることを知り、慌てて車を止めて同行を拒んだところ、林立果に銃で撃たれたと証言していた。

2-5

モンゴル政府が墜落現場から回収した拳銃や自動小銃を写した画像〔モンゴル側関係者提供〕

もちろん、どこまでそれを信用していいのか、分からない。だが、もし本当ならば、林立果は拳銃を持って専用機に搭乗したことになる。

そうだとすれば、なぜ専用機が慌てて離陸したかの理由も想像できる。必要な給油をやめさせ、すぐに飛び立たせるには、パイロットを拳銃で脅すぐらいのことをしなければならなかったはずだ。そして、脅す側からすれば、乗組員は少なければ少ないほどいい。少ない乗組員で、とにかく急いで離陸しろと指示したのではなかったか……。

もちろん、すべては推論である。

墜落の衝撃によって、たまたま一丁の拳銃に銃弾が装塡された可能性もゼロではない。いずれにしろ、専用機はモンゴルまで飛んだ後、燃料不足のため、仕方なく、不時着を試みた、というのが康の見方だ。副操縦士らを欠いた夜間飛行は、当時の常識からすればきわめて危険で、不時着に失敗してウンドルハン近郊に墜落した可能性は大いにあるという。

## 燃料不足での夜間飛行

これらの証言によって、林彪の専用機がソ連まで行くには燃料が不足していたことがはっきりした。だが、墜落したのは不時着に失敗したためなのか、よく分からない。私はその疑問を元副操縦士の康庭梓にぶつけてみた。

――燃料不足だったと言いますが、墜落現場を見たモンゴル人らの証言によると、墜落機は激しく燃えていたようです。見つかった遺体の写真を見ても、悲惨に黒く焼けています。不時着を試みる場合、まずは燃料を捨てて、不時着による火災を避けるという話を聞いたことがあります。ですが、墜落機は燃料を積んだ状態で墜落したようです。

「あなたの言っていることはよく分かります。でもね、あの状況でパイロットが何を考えたのか、その心情も想像してみてください」。康はそう言って説明してくれた。専用機の燃料計は、あまり当てにはならなかった。あとどれくらい燃料が残っているかは、燃料計には頼れず、自分で計算をしていたという。

2-6

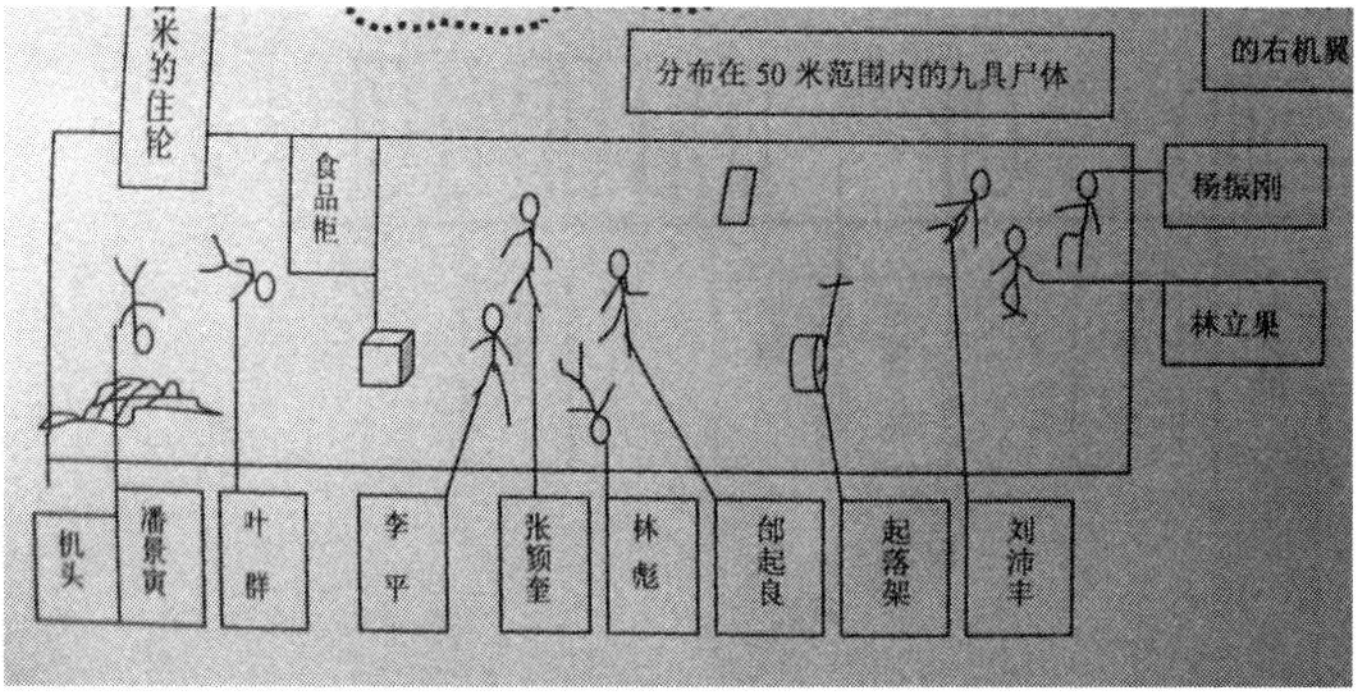


中国側が墜落現場の様子を描き取った図（部分）。前方に操縦士と林彪の妻・葉群、中央に林彪と乗組員３人、後部に息子の林立果らが乗っていたと見られる。焼けた身分証の李平の名が中央にある〔康庭梓提供〕

パイロットの潘景寅は頭のなかで、残りの燃料を計算していたのではないか。突然の夜間飛行にくわえて、いつもなら隣でサポートをしてくれる副操縦士もいない。こうした状況で不時着をしなければならないとすればどうするか。真夜中のモンゴルの草原で目印となるような光はほとんどなく、目視では何も見えなかったはずだ。

「パイロットにとって、おそらく一番避けたかったのは燃料切れで動力をまったく失い、墜落することだったのではないでしょうか。ギリギリまで不時着場所を慎重に選びながら、最後の最後に燃料を捨てようとしたが、草原は思ったよりも起伏があり、うまく不時着できずに墜落してしまったとしたらどうでしょうか。可能性としてはありえると思いませんか」

康は専門家らしく、かみ砕くように話してくれた。そもそも当時は、よほどのことがなければ、夜間に専用機を飛ばすことはなかったという。それだけ夜間飛行は危険なものとされていた。

専用機の航路を分析していて、もう一つ不思議なことに気づいたと康は言う。それは、専用機が高度約三〇〇〇メートルを保って平行飛行をしていることだった。第一章でも少し触れたが、通常は七〇〇〇メートルから九〇〇〇メートルで飛行する。ではなぜ、低空飛行を続けたのか。康の推理では、レーダーによる追跡を避けようとしたからではないかという。

燃料が不足していただけでなく、通常ではありえない夜間での低空飛行。パイロットの潘景寅にとって、きわめて困難な飛行だったに違いない。専用機がまっすぐウランバートルの空港を目指していれば、そこに着陸できたのではないか、との推論を聞いたことがあるが、康の言うように、そんな簡単なことではなかったのだ。

**「阻止するな。行かせてやれ」**

話を再び、北京に戻したい。

首相の周恩来ら中国指導部は、林彪の専用機が山海関の軍用飛行場から離陸したことを受けて、どうしていたのだろうか。北京軍区司令員だった李徳生の回想録によれば、午前〇時過ぎ、周に呼ばれた李は、「林彪が飛行機に乗って逃げた。すぐに空軍指揮室に行って、指揮をしてくれ」との指示を受けた。李徳生は指示に従って空軍作戦当直室へ移動し、林彪の専用機の動きを追った。首都北京の司令官として当然の仕事である。

周が電話をしてきて、当直室の担当者と以下のようなやり取りをしたと李は記している。

周「（専用機のパイロットの）潘景寅と話がしたい。（無線を）つなげることはできないか」

担当者「機械はオンになっていますが、返事をしません」

周「二五六号に向けて呼びかけてくれ。彼らが戻ってくることを望んでいると言ってくれ。北京の東郊空港だろうが、西郊空港だろうが、私、周恩来が空港に出迎えに行くから」

担当者「返事はありません」

周恩来の慌てた様子が伝わってくる会話である。

李徳生の部下から、専用機が国際航路のルートを外れていること、北に向かっており、もうすぐモンゴルとの国境に達することなどの報告があった。部下は「この飛行機の飛び方は普通ではありません。異常な状況です」と言って、低空飛行をしていると説明した。

しばらくして李徳生は、周に対して重要な問題提起をした。空軍機を飛ばし、林彪の専用機が国境を越えるのを阻止する必要はあるのか尋ねたのだ。

周は制止した。

「毛主席は言った。『天は雨を降らせ、（つれあいを失った）母は嫁に行く。阻止するな。行かせてやれ』と。それに、林彪は党副主席だ。撃ち落としたら人民にどう説明するというんだ」

この指示を聞いて、李徳生は心配になった。なぜなら、部下たちはこの専用機に林彪が乗っていることを知らないからだ。国境を越えようとしている不審な飛行機を部下たちが撃ち落としてしまわないか。李は何度も部下たちに強調した。「攻撃してはならない。そのまま飛行させろ。これは総理の指示だ」

「天は雨を降らせ、（つれあいを失った）母は嫁に行く。阻止するな。行かせてやれ」という毛の言葉は、その後、広く知られることになる。毛の故郷である湖南省に伝わることわざにちなんだものだという説を聞いたことがある。物事には、逆らえない流れというものがあるという意味だろうか。いかにも毛が言いそうな言葉だ。

## 毛沢東はいつ知ったのか

ところで、毛沢東は一二日の午後、専用列車で視察先から北京に戻ってきたのだった。その足で毛は、党の中枢部門が集まる北京市中心部の中南海にある自らの住居に帰宅していた。

林彪が逃亡を図ったと毛が知ったのは、いったいどのタイミングだったのだろうか。

実は、最高指導部メンバーの汪東興がその回想録で、この件について毛に報告したときのことを書いている。

それによると、汪は一三日午前〇時三二分、山海関からの連絡で、林彪を乗せた専用機が離陸したことを知り、人民大会堂にいる周恩来に急いで電話をかけた。「毛主席はまだこのことを知りません。あなた（周）は、人民大会堂から毛主席のところに向かってください。私は今、中南海の南楼にいるので、ここから毛主席のところに行きます。ともに毛主席のところで落ち合いましょう」。汪は張耀祠・党警衛局副局長を連れていった。汪と周の二人が毛に報告をしているあいだ、各所からかかってくる電話報告を、二人に代わって受けるためだったという。

ここからは当時の緊迫した様子だけでなく、指導部における役割分担のあり方がどのようなものであったのかも伝わってくる。つまり、周恩来と汪東興の二人が、軍にせよ政府にせよ、実務的な統括者としての役割を担い、重要な局面でのみ毛に報告し、その判断を仰ぐという形である。

汪と周は毛沢東に尋ねた。林彪を乗せた専用機は国境を越えるかもしれない、撃ち落としますか、と。ここで毛は、「天は雨を降らせ、母は嫁に行く。阻止するな。行かせてやれ」

と指示を下したのである。

山海関の軍用飛行場を慌ただしく飛び立ってから一時間一八分後、一三日午前一時五〇分に林彪の専用機は国境を越え、モンゴル領空に入った。

『周恩来伝』によれば、このとき周は「裏切り者」と一言つぶやき、林彪への批判を口にしたという。しかし、本当だろうか。周恩来は実際には事態の収拾のことしか頭になかったのではないか。このとき空軍作戦当直室にいた李徳生は、当時を振り返って、「これからどうなるのか。国内外にどんな影響が生じるのか。私たちはみな、すごく心配だった」と書き残している。私にはむしろ、こうした心境のほうが自然に感じられる。

その後、周恩来は「党中央」の名義で、新たな指示を出した。あらゆる陸軍部隊は全国すべての飛行場に立ち入ってはならない、全国すべての飛行機は全面的に飛行を禁止する、と。いずれも、林彪に同調する動きが軍のなかから出てくるのを警戒してのことだろう。さらに周は、今後のことを協議するため、党指導部メンバーである政治局員全員に対して、人民大会堂に至急集まるよう命じている。

このとき周はまだ中南海にいた。汪によると、林彪の専用機が国境を越えた後も、汪と周は中南海の毛の部屋でしばらく話を続けていたという。そして一三日午前三時すぎ、指導部をさらに揺るがすような驚きの報告を、三人はここで受けることになる。

## 飛行禁止令下で離陸したヘリ

北京の南に位置する河北省の沙河飛行場から、「一台のヘリコプターが離陸しました。張家口に向かって飛んでいます」との連絡が入ったのだ。汪東興の回想によると、それを聞いた毛沢東と周恩来は、ほぼ同時に「飛行を阻止しろ」と言ったという。空軍作戦当直室にいた李徳生は、この連絡が入った時刻について、正確には一三日午前三時一五分だったと書く。

張家口は北京の北に位置する。そこを飛び立ったヘリコプターは、北へ向かって飛んでいるという。その先にはモンゴルやソ連がある。すぐさま周は激しい口調で指示を飛ばした。

「この飛行機（正しくはヘリコプター）は、いかなることがあっても飛んで行かせてはならない。強制的に着陸させせろ。ダメなら撃ち落とせ。絶対に止めなければならない」

飛行禁止令が出た後にもかかわらず、ヘリコプターが離陸できたことに、毛や周は危機感を抱いたのかもしれない。これまでとは違って、厳しい言い方である。指示を受けた中国空軍は戦闘機「殲6」を計八機、緊急発進させて、ヘリコプターを撃墜しようとした。だが夜間のため、ヘリコプターを見つけることはできなかった、と汪は回想録に書いている。

後に分かることだが、ヘリコプターに乗っていたのは、パイロットら乗組員二人と、林彪の息子である林立果の盟友で空軍幹部の周宇馳ら三人の計五人だった。周宇馳は林彪の命令だといって沙河飛行場の管制塔を説得し、ヘリコプターを離陸させた。パイロットに対しては「林彪副主席は専用機ですでにウランバートルに到着している。お前らが恐れる必要はない。国境を越えればそれでいいのだ」と言っていたという。

パイロットはこの指示を不審に感じた。このため、北京の北に位置する張家口のあたりまで飛んだ後、羅針盤をわざと壊し、周宇馳らが方向を分からないようにした後で、機体を北京に戻そうとした。燃料は十分あったのにもかかわらず、周宇馳たちに燃料切れだと言って、国境越えは無理だと説いた。そして、北京市郊外の山間部まで来たところで旋回し、不時着を試みようとした。

地上まで二〇メートルぐらいのところまで機体が降下したときだった。周宇馳はパイロットに向けて銃を発射した。撃ったのは二発。パイロットは死亡し、その隣にいた副操縦士はその血をすばやく自分の顔に塗り、死んだふりをしたという。

ヘリコプターが不時着した後、周宇馳ら三人は山のなかに隠れようとした。しかし、いずれ捕まるのは明らかだった。三人はそれぞれ銃で自殺することにした。「一、二、三」とかけ声をかけて引き金を引いたが、死んだのは三人のうち周宇馳ら二人だけだった。残り一人はその後、捕まった。

## クーデター計画関与の「物証」

その後の調べで、周宇馳たちは大量の書類を持ち出そうとしていたことが分かった。党当局は、ヘリコプターや周宇馳らの周辺から見つかったそれらの書類を丹念に調べた。

なかでも、細かく破かれた紙片に注目した。つなぎ合わせると、不完全ながらも、赤鉛筆

2-7

「林彪反党集団」が逃亡の際に持ち出そうとしていたとされる機密文書〔汪東興元政治局常務委員の回想録から〕

2-8

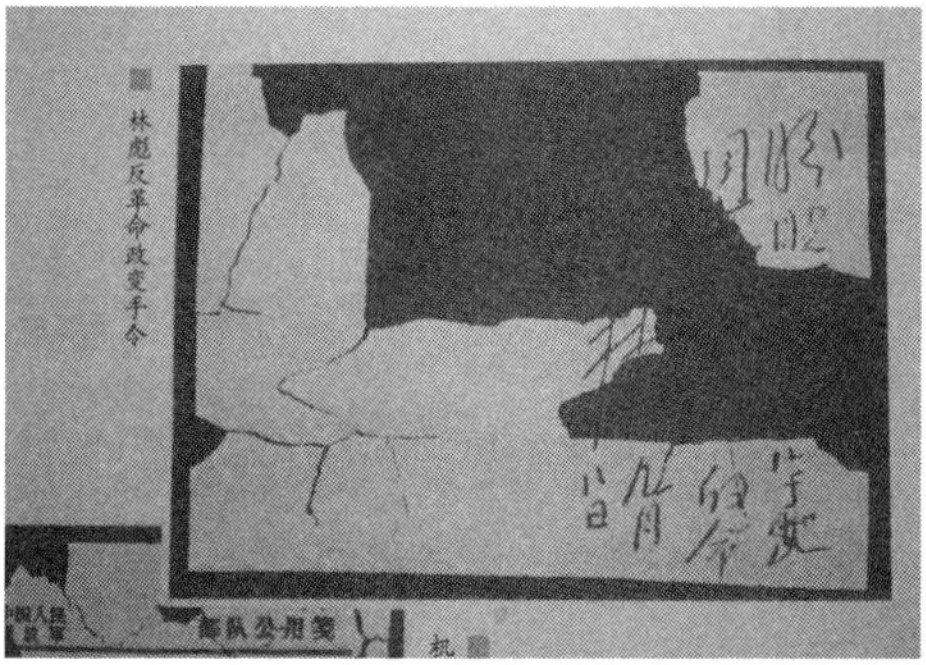


林彪の直接関与を証明したとされる「指令書」の写真。破かれたものをつなぎ合わせたとされる〔汪東興元政治局員の回想録から〕

で書かれた「命」「林」などの文字が現れたからだ。複数の空軍幹部の証言を集め、書かれた文章が復元された。

「立果、宇馳同志の伝える命令通りにするよう望む。林彪　九月八日」。立果は林彪の息子の林立果。宇馳は周宇馳である。

一枚のこの手書きの「指令書」を重要な証拠とし、「この反革命事件のトップは林彪である」と党は結論づけた。

私の理解する限り、林彪がクーデター計画に直接関与したとの「物証」はこれ以外にはない。何やら、もやっとした話である。息子らが暴走し、そのせいで林彪は逃亡を余儀なくされた可能性もあるのでは、との疑念が頭をかすめる。

**未明の緊急会議**

話を先に進めよう。事件の対応のまっただ中にあった中国指導部の話に戻る。

一三日午前三時、首相の周恩来の緊急指令を受けて、人民大会堂の「四川の間」に党指導部の政治局員たちが集まってきた。未明に会議を開くという異例の事態からも、いかに周恩来が事態を深刻に受け止めていたかが分かる。

当時の政治局員の一人で、事件後に「林彪反党集団」の仲間とされて失脚した邱会作は、その回想録のなかで、このときの緊迫した状況を生々しく書き記している。邱会作は人民解放軍の副総参謀長などを歴任した軍高官だったが、林彪との関係が近かったことから、後に林彪の仲間として罪に問われた。本人は「党を裏切ったことはない」と主張したが、拘束され、懲役一六年の判決を受けた。ひそかに執筆した回想録は中国では刊行が禁じられ、香港で出版された。従って、一部ではあるが、当局の公式見解とは違った独自の見方や情報が盛り込まれているのが興味深い。

たとえば、未明に緊急招集されたこの政治局会議について、人民大会堂の「四川の間」に、後に「四人組」とされる毛沢東の妻・江青や張春橋ら当時の政治局員が続々と集まってきたが、首相の周恩来が一向に現れず、会議はなかなか始まらなかったと邱会作は書く。それもそのはず、周は政治局員に緊急招集をかけたが、その直後にヘリコプターによる逃亡という予想外のことが起きたため、この事件の対応に追われていた。

ようやく周が姿を見せて会議が始まったのは、もう空が明るくなった午前六時ごろだったという。未明に呼び出され、三時間も待たされた指導部のメンバーたちを前に、周はまず、「林彪が飛行機で逃げた。国境を越えてモンゴルに行った」と事情を明かした。毛沢東の後継者とされ、党序列二位の高官が国外に逃亡したという驚きの事実を知り、会場は静まりかえったという。邱会作はドキドキとする自分の心臓の音が聞こえるほどだったと記している。

周恩来は二分間ほど、じっと目を閉じた後、手元の茶のみに手を伸ばした。そのとき江青が大声で言った。「何があったのか、話してみなさいよ」。あらかじめ事情を知らされていなかったのが、江青は不満なようだった。周は「林彪が逃げたのは突然のことだった。事件の発生前には誰も想像もしなかったことだった」と言ってから、説明を始めた。

指導部の最大の懸念は、ソ連がどう動くかだった。中ソ関係は、二年半前にウスリー川の珍宝島（ダマンスキー島）で武力衝突が起きるなど、緊張が高まっていた。林彪がソ連に亡命すれば、中国の最高機密が知られてしまう恐れがあった。

会議は一三日午後五時半まで断続的に続いた。午前三時の招集から一五時間近くたっていた。政治局員だった葉剣英は、ソ連に向けて声明を出すべきだと主張した。しかし、中南海にいた毛沢東は「まだはっきりしていない」と慎重だったという。

人民大会堂では、ソ連による攻撃の可能性について繰り返し議論された。国境を接する北部地域の軍部隊に「第一級の戦闘準備状態」をとるよう指示を出すことが決まった。

指導部が本気でソ連軍の侵攻を心配し、軍を動かしていたことに驚く。第一章で触れたように、在モンゴル中国大使館の館員だった孫一先は、モンゴルの墜落現場での調査結果を報告するためにウランバートルから北京に向かう国際列車に乗った際、国境付近に中国軍が集結し、厳戒態勢がとられているのを車窓から目撃していた。この動きは、一三日に急遽開かれた人民大会堂での会議で決議された指示を受けてのものだった。

毛と周は一三日の夜も寝なかった。その後の情報をジリジリする思いで待っていたようだ。中国指導部は、すでに林彪はソ連に到着していると見ていた。当時、中国外務省弁公庁主任だった符浩の回想録によると、翌一四日の午前、外務省では次の四つの事態に備えて対応策を練る会議が開かれたという。①林彪が公の場に姿を現し、某国が声明を発表する、②林彪あるいは誰かが外国メディアを通じて講話を発表する、③林彪らは何も発表しないが、外国メディアが客観的な事実として林彪の某国入りを報道する、④何の発表もない。

林彪の亡命を前提に対応策の協議がなされたわけだが、この段階では中国機墜落の報も届いていなかったのだから、当然の対応と言えるだろう。

## モンゴルから「林彪死去」の報

第一章で書いたように、中国機墜落の知らせがモンゴルから届いたのは、一四日の昼になってからだった。

この日の朝、駐モンゴル中国大使の許文益は、モンゴル外務次官から、中国機が墜落したこと、墜落機に乗っていた九人全員が死亡したことを伝えられ、慌てて中国外務省に報告したのだった。しかも電報での公電が打てず、長らく使っていなかった専用線を再開させ、やっとのことで報告できた時には、一四日の正午をすぎていたと許は記している。

中国外務省弁公庁主任だった符浩の回想録は、許の報告を受けた外相代理の姫鵬飛が、符らに対して「絶妙の幕引きだ」と語ったと明かしている。

五〇時間以上も寝ていなかった首相の周恩来は、会議を終えてようやく床に入ったところでモンゴルからの報告を受け、毛沢東のところに急いで行ったという。毛の不眠症は有名だが、周もまた睡眠薬をよく飲んでいたようだ。このときも睡眠薬を服用していたため、外務省は電話で報告することができず、周のところに人をやって、駐モンゴル大使からの報告を直接伝えたという。

だが、最高指導部メンバーだった汪東興の回想録によると、毛に報告をしたのは周ではなく、汪だった。毛はうたぐり深かった。報告を聞くと、「その情報は信用できるのか。燃料切れか？　飛行機を取り間違えていないのか」と尋ねたうえで、「誰か生存者はいないのか」と聞いてきたという。

「林彪死去」の報を受け、政治局内は一転して明るい雰囲気に包まれた。人民大会堂では、マオタイ酒を取り出し、乾杯する要人の姿も見られたという。

邱会作によると、汪東興は「(毛)主席は林彪が死んだと聞き、とてもご機嫌だった。私と乾杯したよ。林彪たちのおかげだと、感謝すると言っていた」と言った。

安堵する空気が広がるなかで、もう一つの動きがすでに始まっていた。少なくとも私は、そう思う。つまり、事件を政治的にどう処理するかという問題である。

汪東興の回想録によると、この時点で汪は、林彪と関係の近い要人たちをどうするか、毛沢東におうかがいを立てている。拘束する必要があるかどうか尋ねたわけだが、毛は「一〇日間、彼らの様子を見よう」と、何か考えがあるかのような発言をしていた。

外務省弁公庁主任だった符浩によると、周恩来は、外相代理の姫鵬飛に電話をし、モンゴルとの連絡などについて細かく指示を出した後、こう言ったという。

「(林彪が死んだとの)今日の報告について知っている者すべてに言うように。絶対に秘密を守らなければならない」

第三章

# 林彪はなぜ、亡命を目指したのか

## 林彪事件の発端、廬山会議

最初に訪れたとき、軽井沢のようなところだと感じたことをよく覚えている。

中国江西省の廬山は、標高一四〇〇メートルの山地にある。巨大な杉がこんもりと茂る森を通ると、ひんやりとした風が頰をなでる。ここは一九世紀に英国人が外国人向けの高級別荘地として開発した避暑地である。

二〇世紀に入って、国民党政府の時代には軍事教育施設が置かれた。そのとき兵士の宿舎として使われていた建物は、今ではホテルとなっており、日中戦争のときに廬山を占領した日本軍部隊を撮影した白黒の記念写真も展示されている。

第二次世界大戦後、国共内戦を経て中華人民共和国が成立すると、中国共産党の指導者たちはなぜかこの地を好み、重要会議を何度も開くようになった。指導者たちがそれぞれ別荘に滞在し、避暑を兼ねた集中合宿のような形で会議を開いていたようだ。中国共産党の歴史をひもとくと、重要な局面で廬山という地名が何度も登場してくるのは、そのためである。

林彪が権力への野心をあらわにし、毛沢東との関係を悪化させたとされるのも、ここ廬山で開かれた会議の時だった。少なくとも中国の公式見解はそう位置づけている。

つまり林彪事件の発端は、この廬山で開かれた会議にあるとされている。一九七〇年八月から九月にかけて、共産党指導部が開いた第九期中央委員会の第二回全体会議（二中全会）である。クーデターを企てたのが発覚したとされ、林彪が専用機で国外へと逃亡する約一年前のことだ。

中央委員会とは、中国共産党における最高決定機関である。現在のデータを用いて説明すれば、全党員約九〇〇〇万人から選ばれた約二〇〇人の中央委員と百数十人の中央委員候補がいて、党の重要方針を決定する。中央委員は党大会で選出される。第九期中央委員会というのは、共産党が九回目に開いた党大会で選出した中央委員会という意味だ。その二回目の全体会議を二中全会と呼ぶ。

二〇一七年一〇月に開かれた第一九回党大会が、今のところ一番最後に開かれた党大会である。したがって、二〇一九年現在の、習近平指導部による中央委員会は、第一九期中央委員会と呼ばれる。

繰り返しになるが、一九七〇年に廬山で開かれた第九期中央委員会の二中全会で、林彪と毛沢東の関係は悪化したとされる。この「廬山会議」で、いったい何が起きたのだろうか。林彪事件を語るうえで避けては通れないナゾがここにある。

話を進める前に、少し説明したい。

実は中国で「廬山会議」というとき、もう一つ有名な会議がある。一九五九年の会議だ。当時、毛沢東が打ち出した大躍進運動は、中国各地の農業に壊滅的な打撃を与え、数千万人と言われる膨大な数の餓死者を出していた。国防相だった彭徳懐は会議の期間中、廬山にある毛の別荘を訪ねて直接、意見具申をしようとしたが、毛が不在だったため手紙を書いた。彭徳懐はその手紙のなかで何度も毛沢東への忠誠の言葉をしたためながら、やんわりと、しかし真摯な言葉で政策変更の必要性を訴えた。ところが毛沢東は聞く耳を持たず、彭徳懐を失脚させた。後に病気になった彭徳懐は十分な治療を受けさせてもらえず、苦しみながら息を引き取った。毛沢東の理不尽さと残酷さを如実に物語るエピソードである。付言すると、毛沢東の不興を買って失脚した彭の後任として国防相に就任したのが林彪だった。

## 党指導者たちの避暑地

いまも廬山を訪れると、西洋風の一軒家が立ち並んでいるのが目に飛び込んでくる。

林彪が会議中に滞在したのは、「三〇四号」と呼ばれる平屋建ての別荘だった。ドイツ式建築をもとにした家屋である。松の木だろうか、多くの針葉樹に囲まれた庭の真ん中に、人の背の高さほどの大きな岩がある。いまも軍事管理区域のなかにあり、本来なら外国人が立ち入ってはいけない場所だ。実際には観光地ということもあり、警備はあまり厳しくないが、各所に監視カメラが設置され、車両で入るにはゲートでチェックを受けなければならない。

通りを挟んで斜め向かいには、鄧小平が滞在時に利用した「二八六号」と呼ばれる米国式の別荘がある。こちらは「三〇四号」と違ってバンガロー風だ。米国式とはそういうことを示すのだろうか。要人たちがダンスを楽しんだと言われる建物が近くにあり、そのそばに建てられた、こじんまりとした質素な感じの別荘は、周恩来が使っていた。もちろん、彭徳懐の別荘もある。あたり一帯、過去の要人たちの別荘だらけだ。なかでも毛沢東は別格だったようで、少し離れたところにある湖のほとりに建てられた巨大な別荘を宿舎として使っていた。

一九五〇年代の中国では、先に述べたように毛沢東の大躍進運動によって農業が壊滅的な打撃を受け、膨大な数の餓死者が出た。六六年から七六年までの文化大革命期には社会全体が大混乱に陥り、一説によると二〇〇〇万人もの死者が出た。こうしたなか、党の指導者たちは表向きは共産主義をストイックに唱えながら、自分たちは特権を利用して、庶民の暮らしとはかけ離れた優雅な

3-1

1970年の「廬山会議」の際、林彪が滞在した「304号」別荘〔江西省廬山〕

3-2

1970年夏、林彪と毛沢東の関係悪化のきっかけになったとされる「廬山会議」が開かれた廬山人民劇院〔江西省廬山〕

生活をこの避暑地で送っていた。毛沢東は多くの警備要員に守られながら、会議の合間に近くの長江で泳ぐのを好んだという。共産党要人らのこうした行動自体、私には理解できないものがある。

## テープから流れる公式見解

党の重要会議が開かれる度に会場として使われたのは、廬山人民劇院（劇場）の建物だった。別荘地が集まっている区域から少し坂道を下って、小川を渡ったところにある。今では一般公開され、見学が可能だ。

劇場のなかに入ると、林彪と第九期二中全会について、次のような説明がテープで繰り返し流れていた。

〈一九七〇年八月二三日。開幕式で、林彪が突然発言して、毛沢東が国家主席は設けないと何度も明確に言っていたにもかかわらず、国家主席の設置を主張した〉

〈八月二五日。毛沢東は休会を決定し、林彪の発言に対する議論を停止させた〉

〈八月三一日。毛沢東は「私のささやかな意見」を書き、林彪一味の野心と陰謀を明らかにした〉

これが、中国共産党の公式見解である。

きわめてシンプルで分かりやすい筋書きではないだろうか。自らが国家主席になりたいがために林彪は、毛沢東が反対している国家主席職の復活を突然訴えて毛の怒りを買った、というストーリーだ。その後の展開としては、失脚して迫害を受けるのを恐れた林彪が毛沢東の暗殺を企てたが発覚し、亡命すべく専用機で逃げたという流れになる。多くの公式文書で同じように書かれており、これが林彪事件の公式シナリオだと言っていいだろう。

3-3

1970年８月23日、「廬山会議」が開幕し、毛沢東（左）と並んだ林彪〔廬山の人民劇院の展示写真から〕

ところが、関係者の証言や公式文書を調べていくと、このシナリオは事実と異なるのではないか、との疑念が浮かんでくる。少なくとも、こんな単純なものではない。

第三章では、林彪はなぜ毛沢東の暗殺計画を企てたのか、それが発覚したと知った際になぜ専用機で亡命しようとしたのか、これらの動機について、中国共産党の公式見解に即して見ていきたい。そこにも複数の矛盾を見て取ることができるはずだ。

## 習近平と「小説『劉志丹』事件」

廬山会議の話を進める前に、習近平はこの事件が勃発したとき、何をしていたのか触れておく。

言うまでもなく、習近平がこの林彪事件に関与し、何らかの役割を果たしたということはまったくない。少なくとも、そうした証拠はない。何しろ習近平は当時、まだ一八歳だった。だが、林彪事件が起きた当時の中国で、習近平がどのような時間を送っていたかを知ることは、昔も今も中国共産党はその根本のところで何も変わっていないという私の仮説を立証する際に重要な要素となる。いかなる時代背景があって林彪事件が起きたのか、その問題は現在の中国とどうつながっているかを理解する上でも役立つと思う。早速、当時の習近平に焦点を当てて見ていくことにしよう。

中国研究者の間ではよく知られた話だが、習近平が北京の小学校に通っていた九歳のとき、副首相という要職にあった父親の習仲勲はある政治事件に巻き込まれて失脚してしまう。一九六二年に起きた「小説『劉志丹』事件」である。

この事件によって習仲勲は、河南省の機械工場に飛ばされた。一九六六年に文化大革命が始まるが、北京の中学校に通っていた習近平も陝西省の農村へ移住した。毛沢東が打ち出した「上山下郷」運動の一環である。これは、都市部の若者たちを地方の田舎へと集団で送り込むというものだった。つまり、林彪事件が起きた一九七一年当時、習親子は、北京から遠く離れた田舎の農村へとそれぞれ送られ、不遇な境遇にあったのだ。

先を急ぎすぎたかもしれない。習近平の父親が失脚する原因となった「小説『劉志丹』事件」について説明する。

劉志丹は、共産党がまだ政権を樹立しておらず、蔣介石が率いる国民党政府が中国大陸を支配していた一九二〇年代後半から三〇年代にかけて陝西省で活躍した共産党の革命家だ。単純化していえば、当時の陝西省では共産党がゲリラ活動を展開することで勢力の拡大を図っていた。だが、内輪揉めが深刻で、それが原因で粛清され、処刑される者が多数出た。後に一九六〇年代になって、劉志丹についての小説を刊行しようとする動きが出たとき、以前の内紛で反劉志丹側の勢力に属していた幹部たちが、これに激しく反発した。習近平の父親の習仲勲は、劉志丹の有力な部下の一人だったため、出版反対派による激しい批判にさらされ、党の調査を受けることになってしまう。

実際は、もっと複雑で、ひどくドロドロした人間関係が絡まりあった話なのだが、そうした錯綜した状況を解きほぐすことが、ここでの主題ではない。むしろポイントは、共産党の歴史をひもとくと、内紛の歴史といっていいほど、常に権力闘争や路線闘争を繰り広げてきたという点にある。しかも時代が変われば、党内の勢力分布図に変化が生じ、正義の中身も変わっていく。

日本の共産主義勢力の歴史を見ても、この点はまったく変わらないのではないか。共産党という組織は、民主的に人事や政策を決めることができないから、常に水面下で権力闘争をするほかないのだろう。党の方針に反対すれば、分派活動とみなされ、非人道的な粛清が党内で繰り返される。ところが共産党自身は、自分たちのそうした過ちを認めず、対外的にも公表することなく、ときには事実を隠蔽しようとする。それは中国共産党に限らず、どこの国でも共産党という組織に共通して見られる特徴なのかもしれない。

習近平の父親の習仲勲が青年期を過ごした陝西省の共産党では特に内紛が深刻で、長く尾を引いた。劉志丹の死去からすでに二〇年以上がたっていたが、それでも小説化への反発は激しかった。出版反対派から批判を浴びた習仲勲が受けた「調査」は、この言葉から想起されるものよりはるかに厳しいもので、自宅待機を命じられた。事実上、自宅軟禁に近い状態におかれて党の調査部門の取り調べを受けるといった状態だったようだ。

小学生の習近平は、首相の周恩来の下で副首相として活躍していた父親が突然、自宅でソファにずっと座ったまま毎日を過ごすようになったのを見て、複雑な感情を抱いたという。当時を知る党関係者から聞いた話である。小学生だった習近平が、当時の事情をどれだけ理解できていたかは分からない。ただ、父親のような権力者であっても、ある日突然、その地位も名声も剝奪され得るという中国政治の厳しさを感じ取ったのではないだろうか。後述するが、習近平は自らが党高官となった後、失脚した一部の高官の師弟に同情的な姿勢を見せ、その名誉回復のために尽力している。それは自らが受けた苦い経験と決して無縁ではないはずだ。

林彪事件のことを、習近平がどのように知ったのか、具体的なことは分からない。はっきりしているのは、習近平はそのとき一八歳で、陝西省の農村で集団生活を送りながら、農作業などの肉体労働に従事していたということだ。

中国メディアの報道によれば、習近平本人は当時を振り返って「学校に行くよりも多くのことを勉強した」などと語っているそうだが、実際のところはどうだっただろう。というのも当時、父親は失脚したままだったし、習近平にしても、いきなり地方の農村へ送り込まれて、慣れない環境で毎日を過ごしていたからだ。将来への不安や焦りを感じなかったはずはない。もし文化大革命が発動されず、「上山下郷」運動も行われていなければ、習近平は北京の高校で勉学に励んでいただろう。そうした時間を奪われ、農村での肉体労働に従事させられたのだ。しかも、大学に進学する年齢になってもそれは変わらなかった。

文化大革命期には、多くの若者が、習近平と似た境遇にあった。毛沢東が作り出した異常な政治によって、誰もが翻弄され、人生を狂わされていた。そのなかにあって習近平は、まだましな方だったかもしれない。一九七五年に党の推薦を得て清華大学に入学することができたからだ。北京にある名門大学である。このとき習近平は、二二歳になっていた。

この混乱の時代に習近平がどれだけ勉学に意欲を持っていたかは分からない。そもそも当時の大学は、学問ができるような状況ではなかった。

## 不遇のエリート、「老五届」たち

そのころの大学生について、北京のある有名大学の教授を務める朱という女性から聞いた話を、私は今も忘れることができない。

とりあえず朱女史と呼ぶことにする。私がお会いしたのは二〇一六年のこと、当時七〇歳だった。丸眼鏡をかけて、やさしい目をしていた。中国の知識人らしい上品な雰囲気の女性である。フルネームを出さなければとの条件で朱女史は、次のような話をしてくれた。

朱女史は文化大革命のとき、紅衛兵だった。「紅」とは共産主義を象徴する赤を示す。紅衛兵とは、熱狂的に毛沢東を崇拝し、共産主義を目指す路線を守ろうとする衛兵の意味だ。

毛沢東の「造反有理（造反には道理がある）」との言葉を受けて、各地で批判闘争を展開し、中国社会を大混乱に陥れた。

その紅衛兵のなかでも、一九六六年の夏、毛沢東との謁見にのぞむために天安門広場の最前列に並んだのは、北京大と清華大の学生たち。北京大三年生だった朱女史にとって、「不参加はありえない」状況だった。

江蘇省の出身で、小さい頃から勉強が抜群にできたという。地元の進学校の卒業試験で数学は満点、物理は九八点。最難関だった北京大の物理学科に進学した。

「立ち遅れた祖国の科学の発展のために、自分の能力を発揮したいと希望に燃えていました」

だが、その夢は文革によって大きく狂う。混乱のなか、多くの大学生は学業を断念させられ、専攻分野とは関係なく、辺境の地へ送り込まれた。朱女史の場合、遼寧省の農村に送られ、農作業をしながら中学校の教壇に立つことになった。中国で最高水準の大学で学んでいた学生が、田舎の農村で中学生に授業をすることになったのだ。

「こんな待遇はおかしいと思いながら、それでも与えられた環境のなかで、国家に貢献しようとしました。でも、将来は漠然としていて見えなかった」

文革は一〇年間、続いた。一九七六年に毛沢東が死去することで、ようやく終息した。その間、大学入試は中断されたままだった。中国における高等教育の「空白」の時代である。朱女史が北京に戻れたのは一九八〇年代に入ってからだった。

一九六一年から六六年にかけて大学に入学した学生は、中国では「老五届」と呼ばれる。難関の入学試験を突破して北京大へ進学した超エリートであるにもかかわらず、文革によって社会で活躍する機会を失った世代を指す。朱女史もその一人だった。

北京大学を卒業した「老五届」たちは二〇一四年に、学生時代を回想する文集を刊行した。愛国心に燃えながらも「国家に捨てられた」と書く卒業生たちの言葉は重い。北京大キャンパス内にある小さな湖の名をタイトルに冠した文集『さらば未名湖』はじわりと反響を呼び、第三集まで出された。

文革が始まった年から数えると、すでに五〇年以上が過ぎる。中国共産党はそれを「深刻な災難をもたらした内乱」だったと総括する。だが、人生を狂わされた多くの人々のやりきれない思いは、そうした表現によっても、決して消えることはないだろう。

そろそろ「廬山会議」の話に戻ろう。林彪が毛沢東の逆鱗に触れたとされる一九七〇年夏の第九期二中全会。その時、いったい何が起きたのか。

## 「代償は高くつくぞ」

「聞けよ、廬山で事件発生だ」

一九七〇年九月上旬のある夜、林彪の息子、林立果がそう言ったことを、林彪の秘書を務めていた張雲生が回想録に記している。

3-4

毛語録を手に「廬山会議」に出席した林彪（右）と毛沢東〔廬山の人民劇場の展示写真から〕

この年の八月二三日、党の重要会議が江西省廬山で始まっていた。第九期二中全会である。林彪はこの会議に出席していた。

張雲生の回想録によれば、林立果はこう続けたという。「陳伯達が率先して飛び出したところ、主席にとっつかまり、批判された。（中略）くそっ、代償は高くつくぞ。指導者の威信にも傷がついた」

陳伯達は最高指導部の一人で、林彪に近い文革小組のトップ。主席とは毛沢東のことで、指導者は林彪のことを指す。

ここで林立果が言っているのは、毛沢東が反対している国家主席の復活について、その必要を説く演説を陳伯達が行って、それが批判されたということだ。そのこと自体に間違いはない。演説稿も残っている。それがために陳伯達は失脚することになる。

ただ、疑問も生じる。

この章の冒頭で紹介したように、中国共産党による後の公式見解では、会議初日に突然演説をし、国家主席の復活を求めたのは林彪その人である。陳伯達が演説をしたのは会議二日目だったのに、なぜ林立果は「率先して飛び出した」という言い方をしたのか。林彪の「威信に傷がつく」という表現も控えめな気がする。

当時の映像記録を見ると、うやうやしく毛語録を右手に掲げる林彪の姿が映っている。毛沢東の「親密な戦友」たる林彪は、その後継者だと党規約に明記されていた。

確かに林彪は、会議初日に演説をしている。一体どんな話をしたのだろうか。その内容は今も公表されていない。

## 謎を解く鍵、林彪の演説

そもそも国家主席をめぐる問題とは、国家主席の座にあった劉少奇を毛沢東が失脚させたので、その後任をどうするかというものだった。党主席の毛は、国家主席がいることを嫌い、この年三月に国家主席廃止の憲法改正を提案している。一方、党内では、毛が国家主席を兼任する案も出ていた。

党中央党史研究室の『中国共産党歴史』によれば、廬山会議が開かれる前日の八月二二日午後、毛沢東、林彪、周恩来、康生、陳伯達という最高指導部五人による会議が開かれたという。そのとき、「毛沢東以外の四人」が国家主席の復活を求めた、と『中国共産党歴史』は記している。

何かおかしくはないか。廬山会議が始まろうとする段階で、国家主席復活を求めていたのは林彪だけではなかった。周恩来らも同意見で、そのことを直接、毛に伝えていたのだ。

党中央文献研究室の『周恩来伝』は、その四人に対して毛は「あなた方がそうしたいならいいだろう。どちらにしろ、私は（国家）主席にはならない」と答えたと記す。国家主席復活を否定してはいるが、激しい怒りは感じられない言い方だ。

それだけではない。『周恩来伝』によれば、第九期二中全会で、林彪に続いて演説をした康生は、林彪派と対立する江青派であるにもかかわらず、林彪演説には「完全同意」すると述べたという。また、毛沢東の警備担当であった汪東興の回想録によると、毛は林彪演説を印刷して配布することにも同意していた。

だとすれば、林彪の演説は、少なくともこの時点では批判を呼ぶようなものではなかったようだ。一体どういうことなのだろうか。

ナゾを解くカギは、やはり林彪の演説にあるはずだ。その内容を知りたいと思って調べていると、ある中国人作家の著書のなかに、林彪の演説稿の部分写真を見つけた。この作家は、林彪の演説稿を実際に目にしたことがあるか、あるいは所持しているらしい。

私はこの作家に会うために、滞在先である台北へ向かった。

## 有名作家、葉永烈の証言

台北市中心部の高級マンションの一室で、葉永烈（七六歳）は笑顔で私を迎えてくれた。取材や執筆活動のために上海と台北を行ったり来たりしているという。

葉永烈は中国近現代史に関する多数の著作をもつ、中国では有名な作家だ。一九四〇年、浙江省温州生まれ。一九六三年に北京大学を卒業している。早くから作家として活動し、多くの共産党高官に取材をしてきただけでなく、非公開の党内資料も読んできたという。特に毛沢東時代の歴史に詳しい。一九七〇年の廬山会議については、失脚後の陳伯達と面会し、多くの貴重な証言を得て、『陳伯達伝』という分厚い著作をまとめている。

国家主席の復活をめぐって林彪と毛沢東が対立したとされる一九七〇年の廬山会議で、林彪はどのような演説をしたのか――。葉はその演説稿を全文、読んでいるという。まずは陳伯達との面会で、どのような証言をしたのか、早速、話を聞いてみた。

――陳伯達は廬山会議で失脚した後、林彪ら反革命集団の一員として懲役一八年の判決を受けましたが、病気の治療を理由に仮出獄し、一九八九年に北京市内の自宅で亡くなりました。その間に会われたのですね？

「直接、本人に会った。彼（陳伯達）に言わせれば、国家主席をもうけるかどうかというのは、演劇の舞台での演技のようなもので、誰も自分の本当の目的を明らかにしようとしなかったのだそうだ」

陳伯達が葉永烈に語ったところによると、国家主席というポストを復活させるかどうか、党指導部のあいだで議論が生じた際に、毛沢東は即座に林彪の意図を見抜いていたという。少なくとも陳はそう理解した。つまり林彪は、毛沢東が国家主席に就きたいとは思っていないことを分かっていたので、「私はやらない。お前（林彪）がやれ」と毛に言われるのを期待していた、というのだ。

――だとしても、林彪はなぜ国家主席になりたかったのですか。すでに党規約に毛

3-5

葉永烈〔台北市〕

沢東の後継者であることが明記されていました。党副主席で何が不満なのですか。それに党の副主席にはたいした権力はない。

「林彪は焦っていた。なぜか。一つは健康に問題があったからだ。それに党の副主席にはたいした権力はない。だから国家主席になりたかった」

党最高指導部五人のうち、毛沢東を除く周恩来、林彪、康生、陳伯達の四人が国家主席の復活を求めていたことはすでに書いた。このうち、周恩来、康生、陳伯達の三人は、国家には国家元首が必要だとの観点から国家主席の復活を求めていたのだが、林彪だけは自分が国家主席のポストに就くことを望んでの主張だったというのだ。

葉永烈のこの解釈は、確かに説得力がある。だとすれば林彪は盧山会議で、どんな演説をしたのだろうか。話を聞いてみた。

## 「国家元首が必要だと林彪は言った」

——盧山会議の演説で、林彪は国家主席の復活を提起しましたか。

「提起した。国家元首が必要だと林彪は言った」

葉永烈は自信に満ちた態度で言い切った。見せることはできないが、盧山会議での林彪の演説全文を今も手元に持っているので間違いないという。

——「国家元首」という言い方だったのですか。

「国家主席という言葉を使うのは敏感すぎると思ったのだろう。林彪は頭がいい。政治ゲームだな。とても巧妙だった。中国の高官たちの闘争のし方は、普通の人々とは全く違うものだ」

「敏感」という言葉は分かりにくいだろうか。中国政治では頻繁に使われる単語だ。毛沢東は国家主席の復活を否定していた。だから、林彪は直接的な言い方では刺激が強すぎると思い、国家主席ではなく、代わりに「国家元首」という言葉を使った。葉永烈はそう言いたいのだ。そのような言い方で国家主席を求める立場を遠回しに表明するにとどめた。それだけ微妙な内容の演説だったというのだ。

婉曲的にではあるにせよ、林彪は自分が国家主席の座に就きたいと願って発言をしたとすれば、周恩来ら三人の要人たちの議論とは意味が違う。だから毛沢東は、林彪に対して怒ったということなのか。

そうだとしても、林彪が国家主席の復活を主張するのは、廬山会議での演説が初めてではない。それまでにも再三、表明されてきた。葉永烈の解釈にしたがうならば、林彪がなぜそう主張するのか、毛沢東はその意図をよく分かっていたはずだ。だとすれば、廬山会議で林彪が行った演説の何が毛沢東を怒らせたのだろうか。

## 林彪派vs.江青派

葉永烈は言った。「つまり廬山会議は、二つの派閥の闘いだった。林彪派と江青派だ」

江青は毛沢東の四人目の妻で、中国政治に強い影響力を持っていた。当時の党指導部の一人で、陳伯達が組長を務めていた党中央文化大革命小組の第一副組長の肩書を持ち、文化大革命の動向にも大きな影響力を発揮していた。

葉永烈によれば、林彪の演説が問題になったのは、この江青との関係においてだったという。林彪の専用機のパイロット潘景寅が「二つの路線闘争はとても複雑だ」とのナゾの言葉を残していたことを第二章で紹介した。潘が言ったのもこの派閥争いのことだったのだろうか。

では、演説のどの部分が問題だったのか。林彪はこの演説で、国家元首の必要性を説くと同時に、毛沢東は「天才」であると強調した。そのうえで、国家元首の復活に「反対」する人々がいると指摘した。

これが問題となった。

一体どういうことか。

林彪派は、毛沢東が国家主席に就くのを辞退すれば、林彪が就任することになると見て、主席復活を求めた。それに対して江青らは、林彪が国家主席になるのに反対だから、主席復活にも反対していた。毛沢東は「天才」だという言い方は、天才であれば国家主席になるべきとの理屈を導き出すから、江青やその仲間の張春橋（後の「四人組」の一人）らは毛沢東を「天才」とすることにも反対する姿勢を示していた。

だが、林彪の演説にしても、表面上は、毛が国家主席に就くことが前提だった。その上で林彪は、国家元首の復活や、それにつながる毛天才論に反対することは、毛の権威に盾つくことだとして、暗に江青派を牽制したのだった。

江青の名前はどこにも出てこない。林彪といえども、絶対的な権力を持つ毛沢東夫人のことを、表立って批判したりはしない。林彪の演説において、婉曲的ながらも批判の対象となったのは、江青派の張春橋だった。だが、江青からすれば自分が批判されたも同然だった。江青は激怒した。

## 江青ら三人の直訴

事態が動いたのは、廬山会議が始まって三日目の八月二五日、昼だった。

党中央文献研究室の『周恩来伝』によると、江青は張春橋と姚文元を伴って毛沢東のところへ行き、会議の場で「毛主席に反対する悪者をつるし上げろ」といった声が出ていると訴えた。

中国国内では公開されていない林彪派の軍幹部、呉法憲の回想録によると、毛沢東は江青には会わず、張春橋と姚文元の二人とだけ面会した。呉法憲によると、二人は部屋に入るなり、毛の両足に抱きつき、泣き出した。毛のズボンは二人の涙でぬれてしまったという。

毛沢東は迷うことなく、林彪ではなく、妻であり、自分の言うことを何でも聞いてきた江青らを支持する決断をした。

「林彪は健康状態が悪く、毛沢東の後を継ぐことができるかどうか分からなかった。だから当初は毛沢東にとって都合のいい後継者だったのだろう。だが、林彪は頭がよく、能力もあったので、野心を持ってしまった。毛沢東はそれを感じ取り、段々と嫌になってきていたのではないだろうか」というのが、葉永烈の見方だ。

毛沢東は江青たちを支持することを、すぐに行動で示した。会議の出席者の多くは林彪演説に賛意を表明していたが、毛はこの日（八月二五日）の午後の会議で宣言した。

「この（国家主席を復活させるかどうかの）議論を続けるというなら、おれはもう山を下りるぞ。党主席を辞める」

会議の出席者たちは、毛沢東の言った意味が瞬時に分かった。風向きが変わったのだ。この一言を機に会議は、林彪を支持して国家主席復活を求める演説をした陳伯達への批判大会へと一気に転じた。

「陳伯達が率先して飛び出したところ、主席（毛沢東）にとっつかまり、批判された」という林立果の言葉は、まさに状況を正しく表していたのである。

陳伯達は失脚し、林彪も難しい立場に置かれたが、だからといって毛はこの時点ではまだ、林彪を直接批判するようなことはしなかった。誰よりも林彪本人が自らの状況をよく分かっていることを、毛沢東は理解したうえでそうしたのだろう。いかにも毛沢東らしい意地悪なやり方である。

そもそも毛沢東は、廬山会議が緊張をはらんだ展開になることを、ある程度は予想していたのではないか。あるいは、林彪の過ちをあげつらって批判するつもりだったのかもしれない。他方で林彪の方も、毛沢東が自分のことを快く思っていないことを感じ始めていた可能性がある。

葉永烈が、毛沢東の警備責任者を務めていた張耀祠から直接聞いた話によると、毛沢東は会議期間中、宿泊する別荘を頻繁に変えるなどし、暗殺などの動きをとても警戒していた。一方、林彪は林彪で、宿泊先の別荘に臨時の電話線を六本も引き、裏庭にはヘリコプターを待機させていたという。

「廬山での会議は過去に何度もあったが、それまではこのようなことはなかったそうだ。（第九期二中全会は）最も緊張した会議だった、と彼（張耀祠）は言っていた」。葉はそう振り返る。

## 失脚した陳伯達、その後

廬山会議での演説が引き金になって失脚した陳伯達は、その後、どうなっただろうか。これについても葉永烈に聞いてみた。

――陳伯達は、自らの失脚のことをどう考えていたのでしょうか。自分が廬山会議で行った演説について、後悔していましたか。

「彼(陳伯達)はもうそのとき、政治的にどうしようもない状況だった。江青派からは追い出されてしまい、行くところがなく、林彪派に近づくしかなかった。毛沢東が林彪をたたこうと思ったちょうどそのとき、彼(陳伯達)が批判の対象としてやってきた形だった。ただ、彼自身も政治とはこういうものだ、仕方がないと分かっていたよ」

陳伯達は秘書時代、毛沢東に重用された。文章を書くのが得意で、毛が一言言えば、陳はすぐさま一万語の文章にまとめたという。一方で、毛の一言がなければ、誰かにアイデアをもらえなければ、自分では何も書けなかったという評価もある。毛にとって陳は、政治的な野心のない安全な男だった。だからこそ、最高指導部のメンバーにまで引き上げたのだろう。だが、政治に疎《うと》い陳のような人間が、いつまでも中国共産党・最高指導部のメンバーを務められるわけがないこともまた明らかだった。

葉永烈は興味深い話をもう一つ教えてくれた。

陳は失脚して以降、北京市内の自宅で事実上の軟禁状態に置かれていた。ところが一九七一年九月一三日午前一時ごろ、睡眠薬を飲んで就寝していた陳は、突然やってきた軍人たちに無理やり起こされ、連行された。ちょうどそのころ、山海関の軍用飛行場では、林彪を乗せた専用機が離陸したところだった。

陳が連れていかれたのは、北京市郊外にある秦城刑務所。軍人たちは、近衛部隊である八三四一部隊に所属していた。

林彪事件を受けて、陳伯達が不穏な動きをしないよう刑務所送りにしたということらしい。裁判もしていないのに、いきなり刑務所に収監。拘束するのに必要な逮捕状すら出ていなかった。この指示を出したのは周恩来だったのか、あるいは汪東興だったのか。真相は分からない。いずれにせよ、中国指導部の素早い対応には改めて驚かされる。林彪事件が指導部に与えた衝撃の大きさが窺い知れる出来事ではないだろうか。

陳伯達の裁判が開かれたのは、それから一〇年後の一九八一年のこと。林彪や江青ら「四人組」をはじめとする「反革命集団」の主犯格の一人として、中国の特別法廷から懲役一八年の判決を言い渡されている。

## 毛沢東の林彪への不満

「林彪のやつ、おれの肺が腐ればいいと思っているのだ」

一九七〇年夏に開かれた廬山会議の後、肺炎にかかった毛沢東の言葉である。毛の主治医だった李志綏が回想録のなかで書いている。毛はこのころ、周囲に対して林彪への不満を口にするようになっていた。毛もこうした発言が林彪本人の耳に届くことを予想して、意図的に言っていたのかもしれない。

この年一二月に米国人ジャーナリストのエドガー・スノーと会見した際には、かつて林彪が提唱した「四つの偉大」という毛を称賛するスローガンに言及し、「わずらわしい」と言っている。

このときの会見録は冊子となり、多くの党員に配布された。この冊子に林彪の名前が出てこなくても、誰が毛沢東に嫌われているのかは、一読して分かるような内容である。さぞかし林彪は肝を冷やしたことだろう。

北京の毛家湾にある自宅にずっと閉じこもっていた林彪が、突然、江蘇省蘇州の南園賓館と呼ばれる別荘に向かったのは、一九七一年二月のことだった。

「林彪は情緒が不安定で、かなり落ち込んだ様子だったそうです」

3-6

林彪が1971年の２月から３月にかけて滞在した南園賓館の別荘。かつて蒋緯国も使った〔江蘇省蘇州〕

南園賓館の関係者は私の取材に対して、別の関係者から聞いた話として、そう語った。広大な敷地内にいくつもの別荘が立ちならぶ庭園式宿泊施設、南園賓館。今では一般開放されて、誰でも宿泊できる高級ホテルになっているが、以前は要人たちの別荘だった。

この関係者によると、林彪が妻の葉群とともにこの別荘地にやって来たのは二月一二日。蒋介石の息子の蒋緯国がかつて暮らした別荘「七号楼」に滞在した。

### 別荘「七号楼」の地下施設

林彪が七号楼で自分の寝室に選んだのは、玄関から入って一階左奥にある小さな部屋だった。「情緒が不安定」だったと聞かされてもピンとこなかったが、実際にその部屋を見ると、林彪の気持ちが分かる気がした。

何しろ部屋には窓がなかった。七号楼には、日当たりのいい、大きな窓のある部屋もたくさんある。にもかかわらず、林彪はこの小さな部屋を選んだ。林彪は、抗日戦争の際に受けた傷の後遺症で、光と風を嫌ったと言われる。だから、この部屋にしたのかもしれない。林彪は、部屋のなかで、一人でずっと座り続けていたという。

　部屋には、別荘ホールに通じる扉のほか、隣接する室内車庫につながるドアがあった。

3-7

南園賓館に造られた地下司令室〔江蘇省蘇州〕

　何か起きれば、すぐに車で逃げ出せるようにという配慮だろうか。だが、それだけではないようだ。車庫の奥には別の扉があり、階段は地下に続いていた。

「林彪の命令で地下司令室が建設されていました」と、この関係者は案内してくれた。

　地下道に入ると、かび臭い湿った空気が鼻をつく。周囲は薄暗い。会議室が二つあった。

　なぜ、こんな地下施設を造ったのだろうか。

　廬山会議が開かれる五カ月前の一九七〇年三月、南園賓館にやってきた林彪は、別荘内の主な建物をつなぐ地下道や地下指令室を秘密裡に造るよう指示したという。これは「四二五プロジェクト」と呼ばれ、人民解放軍の総後勤部第二八一部隊の兵士らが工事を担当した。安全確保のためという名目で、機材はすべて、特別列車で蘇州の外から運ばれてきたという。軍への専用電話も設置されていた。

当時、中ソ関係はすでに悪化しており、中国各地では防空壕や地下施設の建設が盛んに進められていた。対ソ戦が勃発した場合を想定してのことだったのだろう。あるいは、林彪はすでにこの時点で、毛沢東との関係が早晩、悪化することを予期して、その日に備えていたのだろうか。

3-8

南園賓館　地下道の扉　厚さ15センチほどの頑丈そうな扉〔江蘇省蘇州〕

関係者の案内で地下道の扉にたどり着いたとき、私は驚いた。扉の厚さが一五センチほどもあったからだ。しかも、それは鉄を使ってできていた。

「『ミサイルが直撃し

ても、壊れないようなものを造れ』、林彪はそう指示したそうです」。この関係者はあきれた調子でそう言った。

**クーデター計画「五七一工程紀要」**

一九七一年二月、妻の林群をともなって南園賓館にやってきた林彪。二人が突然、旅立ったのは、三月七日早朝のことだった。

「事前に出発の兆候はなく、かなり慌てた様子で出て行ったようです」

南園賓館の関係者はそう話す。地元当局の幹部に挨拶することもなく、慌ただしく出ていったという。

林彪が使っていた部屋を掃除した係員は、一枚のメモを見つけた。それには「ズボンの裾ひもを締め忘れるな」と記されていた。不思議に思った係員が同僚たちに語ったので、今日まで語り継がれてきたという。

林彪が南園賓館に滞在している間、息子の林立果はどうしていたのだろうか。後の中国の特別法廷が出した林彪事件に対する起訴状や判決の記述によれば、自らに近い軍幹部らと蘇州や上海などで頻繁に会合を開いていた。

こうして会合を重ねるなかで、三月二一日から二四日にかけて、クーデター計画「五七一工程紀要」が正式に起草された、と前述の判決は断定している。

「五七一」は中国語では「武起義《ウーチーイー》」と同音で、武装蜂起を意味する。林立果は旧日本海軍の連合艦隊司令長官・山本五十六の映画を見て影響を受け、仲間たちを「連合艦隊」と呼ぶことがあったという。

こうした動きに林彪がどの程度関係していたのか、あるいは関係していなかったのか、はっきりしたことは分からない。

三月末、林彪は海辺の避暑地、河北省の北戴河の別荘に移動する。

党中央文献研究室の「周恩来年譜」によると、首相の周恩来が別荘まで訪ねてきたとき、林彪は周に対し、廬山会議での陳伯達の失脚は、共産党にとって「偉大な勝利」であり、「完全に同意する」と語ったという。毛沢東に対する絶対的な服従を示す証拠として、毛本人に伝わることを期待しての発言だったに違いない。ところが林彪は、陳伯達を批判する会議が四月に北京で開かれた際に、毛沢東が参加を期待していたにもかかわらず、姿を見せなかった。

林彪の焦りを感じさせる行動はますます目立っていく。

北京に戻った林彪は、五月一日のメーデーで、天安門で開かれた祝賀式典に出席した。だが、ほんの少しいただけで、突然、会場から姿を消してしまう。

3-9

1971年５月１日、メーデーの式典に姿を見せた毛沢東（左側の正面向き）と林彪（右側奥）。２人は６月のルーマニア首脳との会談にも同席したが、なぜか中国内では、この写真が公式の場に２人が姿を見せた最後のものと紹介されることが多い〔林彪の生誕100周年（2007年）の記念冊子より〕

このとき現場で取材をしていた元カメラマンの杜修賢は、林彪の不在に気づいた時の驚きを振り返って、回想録にこう記す。「毛沢東の左側の場所が空いている。なぜ毛主席や周恩来首相に声をかけずに先に帰ったのか」。毛沢東を前にした指導者の振る舞いとして、あり得ないものだったという。

林彪はこの時点ですでに毛沢東との関係改善をあきらめていたのだろうか。そうではないとの見方もある。

林彪事件に詳しい中国人作家の劉家駒（八五歳）は、五月二〇日に林彪が毛沢東に宛てて手紙を出したことを中国メディアに明かしている。

その手紙は、「現在の政治局員らは今後一〇年間、逮捕したり、殺したりはしないようにする。特別な状況があれば、主席の指示に従う」という内容だったという。毛に命乞いをしているようにも読める。

3-10

1971年６月３日、毛沢東（中央）と林彪（右）が、訪中したルーマニア共産党のチャウシェスク第１書記と会談した写真を掲載した同月４日付の「人民日報」。２人が公開の場に一緒に姿を現したのは、これが最後とされる

劉家駒はこの話を林彪の秘書から聞いた。「林彪の心からの最後の叫び」だと感じたという。

## 「彼らは党を分裂させようとした」

毛沢東が行動を起こしたのは、林彪が専用機で国外逃亡を図る約一カ月前のことだった。

一九七一年八月一五日、毛は専用列車で南方視察に出発した。最初の訪問地である湖北省の武漢で、武漢軍区政治委員の劉豊と極秘の会談をしている。同行した最高指導部メンバーの一人、汪東興は回想録で、そのときの毛の発言を記している。

「彼（林彪）らは急いで国家主席になりたがり、党を分裂させようとした」

毛はその後、湖南省長沙、浙江省杭州などを回り、視察先の地元幹部を前に林彪のことを批判していく。毛沢東は何を狙っていたのか。ある中国の研究者は、「これから林彪を切るぞ、とのメッセージを党内に出したのではないか」との見方を示す。

毛沢東のこうした動きは、結果的に林彪派を追い込むことになる。

極秘とされた会談の内容はすぐに漏れた。

八月に毛沢東と会談した劉豊が九月六日、北朝鮮代表団に同行して武漢入りした林彪派の軍幹部に、毛の言葉を伝えてしまう。

中国の公式見解は、この時点で「林彪一味」は毛沢東暗殺を決定した、と断定する。その後の経緯を、この公式見解に従って以下、書き記す。

九月七日、林彪は息子の林立果らに「戦闘態勢」に入るよう指示した。

八日、後に紙片として発見される、赤鉛筆で書いた指令書を出す。「立果　宇馳同志の伝える命令通りにするよう望む　林彪　九月八日」。

立果は林彪の息子の林立果、宇馳はその仲間の空軍幹部、周宇馳だ。第二章で紹介したように、中国共産党当局は入手した紙片を分析した結果、そう認定し、以上をもって、一連の動きすべてが林彪の指示によるものだと断定している。

中国の公式見解によれば、林立果は仲間とともに、北京郊外の軍用飛行場で暗殺計画を練った。

「彼（毛沢東）はすでに現代の秦の始皇帝になっている。中国歴史上、最大の封建的な暴君だ」

林彪らのクーデター計画書とされる「五七一工程紀要」にはこんな記述もある。毛のことを米爆撃機「Ｂ52」と隠語で呼び、クーデターの必要性を説いている。

暗殺計画では、毛の専用列車を狙い、ロケット弾や一〇〇ミリ口径高射砲を使った攻撃、鉄橋爆破など計八案が考えられたという。

林彪派の軍幹部は、九月八日から九日にかけて、毛のいる杭州や上海で自らに近い軍幹部に会い、上海で暗殺を決行する方針を伝えた。

## 毛沢東の陽動作戦

こうした動きを、毛はどこまで察知していたのだろうか。

前出の研究者は、元幹部から聞いた話として、毛が専用列車で南方視察に出かけた際、実は計三本の特別列車が走っていたと明かしてくれた。毛が乗る特別列車とは別に、おとりの列車が二本、用意されていたというのだ。

「毛は北京を出発する前に暗殺計画を想定していたのではないか」と、この研究者は語る。

汪東興の回想録によれば、九月一〇日、杭州から上海に移動した毛は、奇妙な行動に出た。

上海の幹部らを特別列車に呼び出した後、市内で食事をしてくるよう促した。幹部らが列車を離れると、毛は「出て行ったか。では出発だ。誰にも言うな」と言って列車を北京に向かわせた。つまり、特別列車は上海に来ており、列車内に毛がいることを地元の軍幹部に印象づけた上で、何も告げずに上海を去ったのである。

北京に到着してからの経緯は、すでに第二章で書いた。北京郊外の豊台駅に着いた毛沢東は専用列車から降りることなく、北京軍区司令員の李徳生ら幹部を列車に招き入れ、「国家主席職は設けない。私は主席はやらないと六回は言った。でも、彼らは聞かない」と発言した。その後、北京駅に移動し、中南海にある自らの住居に到着したのは一二日午後四時五分。突然の帰京に、首相の周恩来ですら、「なぜ私にも知らせずに」と驚いたという。

だが、毛沢東のこうした行動が何を意味するのか、林彪たちにはすぐに分かったのだろう。林彪が妻子とともに専用機で飛び立ったのは、そのほぼ八時間後。翌一三日未明のことだった。

第四章

# 事件の後、何が起こったのか

## 遊牧民、バットバイヤル

モンゴルの草原は静かだ。草を踏んで歩く音だけがガサガサと周囲に響く。空を見上げると、白い雲がゆっくり流れていた。ハチが飛ぶ羽音がはっきりと聞こえる。ちょっと甘ったるい匂いが漂ってくる。草原のなかにまばらに咲く白や紫色の小さな花のものだろうか。

突然、激しい雨が降り始めたかと思うと、すぐに止んだ。まるで空からの立ち小便のようだと思っていたら、男性のしゃがれた声がした。

「さあ、このあたりだ。間違いないさ」

遊牧民のバットバイヤル（五五歳）が、真っ黒に日に焼けた顔をこちらに向けていた。言われたあたりに目を向けると、その一帯だけ、土の色が黒くなっている。何やら光るものもある。手に取ると、アルミ合金とおぼしい小さな金属片だ。掘り返してみると、同じような金属片がいくつも埋まっていた。

「墜落機体の破片だよ」

バットバイヤルは自信ありげに言った。

4-1

林彪たちが埋葬されたという場所を示すバットバイヤル。ところどころ掘り返されたように見える〔モンゴル・ヘンティー県〕

一九七一年九月一三日未明、林彪を乗せた英国製トライデント型ジェット機は、ヘンティー県ウンドルハン近くの草原に墜落した。このナゾに満ちた事件について調査を進めるなかで、いつしか私は墜落現場をこの目で見てみたいと思うようになっていた。

モンゴルの首都ウランバートルで四輪駆動車をチャーターした私は、墜落現場を目指して、東に向かう一本道を走らせた。草原に入ると、道といえるようなものはない。だが、だいたいの方向と位置を遊牧民に尋ねながら、目的地へと近づいていった。

実は秘密兵器もあった。携帯スマホのナビシステムだ。墜落現場は、北緯四七度六四八三二、東経一一一度一九三五九にある（実は別の数値を示した記録もあったが、結局、この数値で正しかった）。これをナビに入力し、そこを目指した。

だが、私の見込みは甘かった。草原はどこまで行っても草原で、ナビだけでは正確な目的地は見つからない。いったいどこが墜落現場だったのか。何の目印も見つけられず、途方にくれた。そのとき出会ったのが、バットバイヤルだった。彼は事件が起きたころから、この草原に住んでいる遊牧民だった。

## 今も墜落現場に残る無数の金属片

「あそこにとんがった山があるのが分かるかい。あれがこの場所に来るときの目印だ。（墜落の衝撃は大きく）飛行機の破片の一部は、あの山の向こうにも飛んでいった」

バットバイヤルはそう言ったが、いくら目を凝らしても、私はその山を見つけられなかった。周囲をぐるっと見渡しても、平らな平原が広がっているだけだった。ところが地元の遊牧民には、微妙な地形の違いがはっきりと分かるらしい。

地面に落ちている小さな金属片を手にすると、確かに飛行機の部品のように見えた。それも一つや二つではない。周囲を見回すと、草陰に同じような小さな金属片が無数にちらばっていた。こびりついた汚れを拭いて、手のひらにのせた。想像したよりもずっと軽い。これが墜落機の一部なのかと思うと、五〇年近く前の墜落事件が現実の出来事として生々しく迫ってくるような気がした。

4-2

林彪を乗せた専用機の墜落現場にあった金属片〔モンゴル・ヘンティー県〕

4-3

墜落現場の石碑。「歴史を忘れることはできない」とモンゴル語と中国語で書かれている〔同右〕

改めて辺り一帯を見渡す。

墜落現場の草原のなかに、白い小さな石碑がぽつんと建っていた。「歴史を忘れることはできない」と、モンゴル語と中国語で書かれていた。

人影はまったくない。目に映るのは馬と羊だけだ。日本の約四倍の国土に人口約三〇〇万人。家畜の数は、その二〇倍の六〇〇〇万頭以上といわれる国だ。

供養のためか、中国の酒瓶が転がっていた。たまに中国人の関係者がやってくるという。私もそうした一人だと思われていたようだ。日本人だと話すと、バットバイヤルは少し驚いた表情を見せた。

## バットバイヤルの回想

バットバイヤルは事件当時、一〇歳の少年だった。

墜落から一年の間、現場は立ち入り禁止となり、兵士が見張りについた。だが、好奇心旺盛な少年にとって飛行機の機体は珍しく、しょっちゅう潜り込んでは、残骸のうえに座って周囲を眺めていたという。

墜落の衝撃で地面は南北に深くえぐられ、周囲の草は黒く焼け焦げていたという。状況から見て、北から南へ向かって墜落したのは明らかだった。林彪を乗せた専用機は、南の方角にある中国から飛んできたのだが、不時着をする段階では、それとは真逆の方向から進入したようだ。

墜落直後、近くのベルへ鉱山にいたモンゴル人警備員が「飛行機が空中で燃えているのを見た」と話していた、とバットバイヤルは言った。モンゴル政府が調査をした際の、空中爆発説の根拠となった証言である。中国当局は、この説を明確に否定している。元警備員に話を聞きたかったが、残念ながら、すでに亡くなったと言われた。この警備員がバイクに乗って役所へ行き、飛行機の墜落を知らせたのが、この事件の第一報となった。

墜落機の残骸のなかから、エンジンの一つをソ連が持ち去った話はすでに書いた。中国メディアの報道によると、もう一つのエンジンは後に香港企業が買いとったという話があるという。バットバイヤルによると、他の多くの破片は鋼材として中国に売られ、また中国人の関係者がやって来て、小さな破片を持ち帰ったという。ちょっと不思議な気がしたが、バットバイヤルは「飛行機は中国のものだから、中国人が持って帰るのは当たり前だ」と、さも当然のことのように言った。

遺体を埋めた場所にも案内してもらった。

墜落現場から西に一キロほど離れたところだ。第一章でも触れたが、周囲には丘があり、埋葬するのにふさわしいと判断された。行ってみると、ところどころ土が少し盛り上がっている。視線を上げると、墜落現場に建てられた石碑が小さく見えた。

埋葬地跡で、手を合わせた。林彪はなぜ、こんな遠くまで逃げてこなければならなかったのか。

## 持ち去られた二つの頭部

事件から約一カ月後、ソ連の専門家からなる調査団が遺体をここから掘り出して、九体のうち二体の頭部などをモスクワに運んだ。第一章で書いたように、中国当局も林彪の遺体を掘り起こして持ち帰ることを考えていたが、結局はソ連が一部を持っていったことになる。とすると、残りの遺体はどうなったのだろうか。「もうここにはない。とっくの昔に掘り起こされて、運ばれていった」とバットバイヤルは言った。

どういうことだろうか。当時の状況をより詳しく知るため、林彪事件が起きたとき、モンゴル内務省の暗号解読部門にいたバトゥスフ（七〇歳）という人物と、ウランバートルで会った。警察広報官なども歴任した元内務省幹部である。

バトゥスフは、個人的にも林彪事件には強い関心があると言って、ゆっくりした調子で、当時のことを話してくれた。

バトゥスフによると、ソ連の専門家による調査団が墜落現場にやってきたのは、事件から約一カ月後の一九七一年一〇月中旬ごろだった。彼らの目的は、墜落現場の近くに埋葬された遺体を掘り出すことだった。

調査団は九体のうち二体から頭部と指を切り取って、持ち帰った。林彪は日中戦争のさなかの一九三九年ごろ、負傷してソ連で治療を受けたことがある。そのときの医療記録をもとに、林彪本人が死亡したことを確認しようとしたのだという。

ソ連調査団がこうして墜落現場にやってきたことは後日報道されているから、私も知っていた。だが、バトゥスフは、私が知らない不思議な話を始めた。持ち去られた二つの頭部は、五〇歳以上とみられる男性遺体のものだったというのだ。これまでの報道では、林彪と妻の葉群のものとされていたので、私は少し驚いた。

4-4

林彪の遺体の行方について語るバトゥスフ氏〔ウランバートル〕

「九体のうち、女性と見られる遺体は一体だけだった。わざわざ人定《じんてい》のために（女性の）頭部を切りとる必要はない。一方、五〇歳以上とみられる二遺体はいずれも焼け焦げており、どちらが林彪か分からなかった」

九人のうち五〇歳以上は、林彪と葉群の二人だけだ。操縦士の潘景寅は四〇歳代だったから、その遺体を五〇歳代のものと見誤ったのだろうか。確かに写真を見ると、どの遺体も人定は不可能と思えるほど黒焦げになっている。念のため、二つの頭部を持ち去ったというのも、あり得ない話ではないと思う。

ソ連が頭部を持ち帰ったこと自体は間違いないようだ。複数のモンゴル政府関係者が同様の証言をしているし、一九九〇年代になって、元ソ連国防省の専門家も、持ち帰った頭部は林彪のものであることを医学的に確認したとロシアメディアなどに明言している。


**掘り起こした上で火葬、なぜ？**


バトゥスフは、これまでの公開情報にはない興味深い話をしてくれた。

もう一つ別のソ連の調査団が一九七一年一一月に現地入りしていたというのだ。この調査団は、九人の遺体を改めて掘り起こして箱に詰め、ウランバートルに運んだという。

初めて聞く話で、私は驚いた。バトゥスフは自信たっぷりに言った。「私自身が立ち会った。間違いない」

モンゴルでは広く土葬が行われているため、首都のウランバートルにも火葬場はなかった。このため、煉瓦を用いて急遽、九つの焼き場を設けて、遺体を燃やした。火は夕方から翌朝まで燃え続けたという。

「中国はこの火葬のことを知らない。遺灰は今もモンゴル政府が保管している」。バトゥスフは私にそう証言した。つまり、林彪の遺体は、ソ連が持ち帰った頭部などを除けば、すでに火葬されて灰となって、モンゴル政府が管理しているというのだ。

これは驚きだった。なぜなら、林彪の遺族たちは、今も遺体はヘンティー県の墜落現場近くに土葬されたままだと信じていると聞いていたからだ。

確認したいと思い、私は林彪の娘の林立衡に、中国人の友人を通じて取材を申し入れたが、やんわりと断られてしまった。ただ、その友人が代わりに尋ねてくれた。それによると、林立衡ら遺族の遺体返還の求めに対して、近年、モンゴル政府は前向きな回答をしてきたという。遺族から報告を受けた中国政府は、モンゴル側と協議を続けているそうだ。遺体ではなく、遺骨（遺灰）返還の話をしていると推測されるが、事実だとすれば、両国が水面下でこうした交渉をしているとは驚きである。

だが、世界の注目が再び林彪事件に集まることを、中国政府は警戒しているようだ。

中ロ関係に詳しい中国共産党関係者が、関連する話をしてくれた。この関係者によると、モンゴル政府が遺骨（遺灰）の返還を中国側に非公式に打診してきたのは二〇〇〇年代に入ってからのことだという。中国側は返答を留保した。この党関係者は、「林彪は毛沢東を暗殺しようとした反革命分子だ。遺骨が戻り、これを敬うような動きが出てきては困る」と厳しい口調で私に言った。

話をバトゥスフの証言に戻そう。

遺体をすべて掘り起こしてウランバートルで火葬したという話だ。現場を見る限り、遺体を埋めたとされる場所はデコボコしており、掘り起こした後だと言われれば、そのように見える。

それにしても、いったん土葬した遺体をわざわざウランバートルに運んで火葬した理由は何だったのだろう。林彪と思われる遺体の頭部は、人定のためにソ連がすでに持ち去っていた。ソ連とモンゴルの両政府は何を考えて、遺体をわざわざ掘り起こしたのだろうか。

そう尋ねると、バトゥスフは真剣な表情で、こう言った。

「ヘンティー県は（モンゴルの英雄）チンギス・ハーンが生まれたとされる地だ。中国人を土葬するのは、ふさわしくない」

まったく予想外の答えだった。チンギス・ハーンはモンゴルの英雄である。その英雄への崇敬の念と、中国人への民族的な反発心。バトゥスフの返答は、きわめて率直なものだった。

林彪事件は、五〇年近くたった今も、モンゴルに複雑な影を落としている。

## 中国共産党、沈黙の理由

ところで前章では、毛沢東が専用列車で南方視察に出かけた際、本人が乗っている列車のほか、おとりの列車が二本、用意されていた事実を紹介した。毛沢東は、首相の周恩来にも告げず、突然、この南方視察を急きょ切り上げて、北京に戻ってきたのだった。

毛沢東の、こうした動きが何を意味するのか察知した林彪は、身の安全を図るべく、妻子とともに専用機で逃亡を図った——。これが党の公式見解だった。

では、この事件が発生した後に何が起きたのだろうか。実は、毛沢東をはじめとする中国指導部は不可解な動きをしている。それは中国共産党の宿痾とも言うべきものを象徴しているのだが、これについて論じる前に、いくつか検証しておくべきことがある。

第一に、専用機の墜落事件による林彪の死を、中国当局が公表しようとせず、沈黙したことだ。対外的に伏せただけでなく、党内でも機密保持が徹底され、ごく限られた要人しか事実が知らされなかった。

事件から三日後の一九七一年九月一六日、中国共産党は政治局会議を開催し、この事件を党内にどう説明していくか議論した。このときの政治局員の一人で、林彪との関係が近かったために後に失脚する邱会作の回想録によると、会議では「四人組」の一人である張春橋が「林彪は党を裏切り、国を裏切った」「林彪は資産階級の個人野心家であり、陰謀家だ」などと激しくののしったという。

これを文章にまとめ、毛沢東が承認したものが、「林彪の裏切りと国外逃亡に関する通知」となった。「五七号文件」と呼ばれる公文書である。党内に通知されたのは、事件から五日後の一九七一年九月一八日。通知と言っても、ごく一部の党幹部だけが読める機密文書だった。

この通知の内容を見ると（今では機密文書ではなくなったようで、私でも簡単に入手できた）、極めて厳格な秘密保持を各幹部に要求するものだった。例えば、「当分の間、林彪に関する文章や図画、映画などは変更しない」とある。中国では、失脚した幹部は新聞や文書から姿を消し、写真も削除される。そうした措置はとらずに今まで通りにしろ、という異例の指示だ。

実際にはすでに死んでいるのに、そのことを公表せず、これまで通りにしろとは、一体どういうことか。三国志にある「死せる孔明《こうめい》生ける仲達《ちゅうたつ》を走らす」の故事が脳裡に浮かぶ。偉大な軍師、孔明は死んだ後も敵軍に恐れられた。党指導部としては何とか林彪が生きていることにして、党としての威厳を保ちたかったということだろう。逆に言えば、それだけこの事件にショックを受け、対応方針が固まるまでは、党内外に知られることを極度に警戒していたのに違いない。

「五七号文件」は林彪の息子、林立果の仲間である周宇馳・空軍司令部弁公室副主任らがヘリコプターで逃亡を図った事件についても簡単に触れている。その上で、林彪らはクーデター計画が発覚したため、当初は広州に逃亡しようとしていたと結論づけている。

## 林彪派軍高官の失脚

中国共産党の元高官、邱会作の回想録に話を戻す。

林彪事件によって邱らは、政治的に窮地に追い込まれたことを認識していた。林彪と関係が近かったからだ。ただ、林彪の罪状とされた毛沢東の暗殺計画やソ連への逃避行には直接関わってはいない。事件直後に毛沢東は汪東興に対して、林彪と関係の近い高官たちについては一〇日間、様子を見ることにしようと話したことはすでに書いた。邱らは自分たちがどういう処遇を受けることになるのか不安を感じながら、林彪事件の対応を協議する高官会議に出席していたようだ。

九月二三日、林彪派とされる邱会作ら四人の軍高官は、人民大会堂の福建の間にいる周恩来に呼び出される。周恩来はお茶を一口飲んでから、四人を見て、言った。

「主席（毛沢東）はあなた方の問題に対して決定をなされた」。周恩来はいつも通り礼儀正しい口調だったという。「ここ数日の各地方や軍区からの電報をあなた方も見ているだろう。上海、陝西、天津からの意見はとても厳しいものだ。政治局のなかにも厳しい意見がある」

「厳しい意見」とは、毛沢東の妻である江青を中心とする勢力が、事件を受けて、林彪に近い人々のことを激しく批判したことを指すとみられる。周恩来が「あなた方は主席を信じ、党中央を信じなさい」と言ったとき、邱会作ら四人は何も答えられなかったという。

　邱会作はそのときの心境を書く。「なぜだ。分からない。廬山会議のことはすでに終わったのではないのか。主席（毛沢東）は私たちと冗談を交わしたではないか。その後、何も新たに間違いを犯していない。『九一三（林彪事件）』については何も知らない。私たちが『クーデター』をやったというのか」。そんな思いもむなしく、邱会作ら四人の失脚が確定する。

　周恩来は四人に対し、家族や直属の部下たちが拘束されたりはしないようにすると、自らの手を胸にあてて誓うように言ったという。しかし、その約束は結果的に守られなかった。一部の家族や部下らは、取り調べのために連行された。このことからも、林彪事件の処理をめぐって周恩来はすでに主導権を失っていたことが分かると、邱会作は回想する。

　邱会作ら四人の高官が、北京市郊外にある軍の施設に収監されたのは九月二四日。毛沢東が亡くなる一九七六年までそこで審査を受け、その後、秦城刑務所に収監された。今も北京郊外にある元高官や政治犯らが収監される刑務所だ。

　審査で主に調べられたのは、林彪のクーデター計画に関与していたかどうかという問題だった。ただ、取り調べ自体は最初の一年ほどでほぼ終わった。クーデターに関係のないことがはっきりしていたからだという。邱会作は回想録で、林彪すらクーデターには関わっていなかったのではないかと書き記している。

## 中国当局の情報統制

中国にいる外国人記者たちは、事件後しばらくして、中国共産党の序列二位の高官、林彪の異変を察知した。公式発表はなかったが、外交筋などの情報としてこれを報じ始めた。それでも党は、対外的に沈黙を守った。

共産党は九月一八日に最初の党内通知を出した後、何段階にも分けて通知の対象を拡大していき、少しずつこの事実が党内に知られるようにした。だが、対外的な公表に踏み切ることはなかった。何しろ、昨日までは毛沢東の後継者として崇拝の対象だった林彪が毛沢東の暗殺を企て、それが発覚するや亡命を図ったというのだから、一般の国民に動揺が広がらないよう、情報統制に神経をとがらせたとしても無理はない。

九月二九日、モンゴルの国営ラジオ局は、中国の飛行機がヘンティー県に墜落、飛行機は中国空軍のもので、乗っていた九人の遺体が見つかったと報じた。モンゴル政府がこの事件について事実上、初めて対外的に発表したのは、この時だった。当時の社会主義国では、国営メディアによる報道を通じ、政府が対外的な発表をすることは珍しくなかった。

このときモンゴル国営ラジオ局は、モンゴル政府が中国政府に対して領空侵犯だと抗議したことも伝えた。だが、墜落機に誰が乗っていたかは一切明らかにしていない。

実際にはモンゴル政府は、墜落機には林彪が乗っていたとの情報をすでに得ていたようだ。おそらくソ連からの情報だったのだろう。

たとえば、こんな話がある。

九月三〇日、モンゴルにある中国大使館は国慶節のレセプションを開いた。当時の駐モンゴル中国大使館員で、墜落直後の現場に入った孫一先はその回想録で、このレセプションでの中国とモンゴルの外交官の間で交わされた会話の記録を紹介している。それによると、モンゴル外務次官のヨンドンが中国大使の許文益のそばに来て、こうささやいたという。

「新聞に載った、あの飛行機についての報道を見ましたか」

モンゴル国営ラジオ局が二九日に報じた中国機墜落の一件は、翌三〇日のモンゴルの新聞朝刊でも報じられていた。ヨンドンはこのことを中国大使の許に言ったのだ。

許「すでに読みました。一部の内容は我々の見解と一致しておらず、モンゴル側が一方的に情報を流したことを遺憾に感じます」

ヨンドン「西側のテレビ局は頻繁に間違った情報を報道します。我々はこうしたものを信じません。ニュースを報じるということは、人民に正しい情報を伝え、不確実なうわさが、真実かどうかはっきりさせるためです」

「一部の内容は我々の見解と一致していない」と許が言ったのは、中国空軍機が領空を侵犯したとモンゴル側が発表したのに対して、中国側はその事実を認めようとしなかったことを指す。許のこの発言に対してヨンドンは、婉曲的な言い方で自分たちの発表は正しいと反論した格好だ。

孫一先は回想録で、このレセプションでの両国のやり取りをもう一つ、紹介している。モンゴル国防省のある幹部が、知り合いの中国大使館員の耳元に口を近づけて、尋ねてきたという。「林彪はまだ生きているのか」と。これに対し大使館員は機密保持の厳命を受けていたため、「以前とまったく変わりはありません」と言い切ったという。

モンゴル側がこの時点で林彪の死についてどこまで確証を得ていたのか分からないが、何らかの情報を握っていることが中国側にも分かるよう示唆されていた。それに対して中国の外交官は、明らかなウソをついていたことになる。

## 毛沢東・ニクソン会談

結局、中国指導部が対外的にこの事件を認めたのは一九七二年六月のことだ。毛沢東がセイロン（現在のスリランカ）の首相と会談をしたときのこととされる。毛は林彪の名前を挙げて事件を認めた。この情報が他国の外交関係者にも伝わり、西側諸国の間でもはっきりと確認されることになった。逆に言えば、それまで中国は国際社会に対して事件を公式には認めていなかった。事件から九カ月が経つまで、事件の存在自体を認めようとしなかったのだ。

これほどまでに情報統制を徹底させた理由はいったい何だろうか。当時の国際情勢を振り返ってみると、中国共産党の序列第二位・林彪による最高指導者・毛沢東の暗殺未遂事件とその後の動きを対外的に知られたくなかったという、中国側の事情が浮かび上がる。

林彪事件からほぼ一カ月後の一九七一年一〇月、キッシンジャー米大統領補佐官が訪中。翌年の七二年二月にはニクソン米大統領が電撃訪中し、世界を驚かせる。この年九月には日中の国交も正常化している。

ソ連との緊張関係が高まるのに伴い、中国の外交は西側諸国との関係改善に大きく舵を切り始めていた。林彪事件は、この微妙なタイミングで起きていたことになる。当然、毛沢東たちは変動する国際情勢をも視野に入れながら、林彪事件をいつ公表するか考えたはずだ。

先に私は、中国指導部が対外的に初めてこの事件を認めたのは、セイロンの首相との会談のときだったと述べた。だが、より正確に言えば、中国共産党は米国に対して先に、この事件のことを曖昧な表現ながらも伝えていた。ただ、米国は当時、このやり取りを一切公表しなかった。

後に米国で公表された記録を見ると、毛沢東は、米国が林彪事件のことをどこまで知っているのか気にしていたようだ。

一九七二年二月二一日。北京の中南海での歴史的な米中首脳会談。毛沢東はニクソンとの会談で自らこの話題を持ち出している。毛沢東がニクソンのことを「右翼」だと呼んだことについて、同席した大統領補佐官のキッシンジャーが「左よりの人間は親ソ連ですから人民共和国に近づこうなんてしません。実際にあなた方をその立場から批判しています」と口を挟んだときのことである。

毛沢東「その通りです。一部の人はあなた方に反対しています。私の国にも私たちがあなた方とコンタクトをとるのに反対している反動的なグループがあります。その結果彼らは飛行機に乗って外国に逃亡しました」
周恩来「たぶんご存じのことですね」
毛沢東「世界の中で、アメリカの情報はかなり正確ですから。その次は日本でしょう。ソ連はと言えば、遺体を掘り起こしに行きましたが、それについて何も言っていません」
周恩来「外モンゴルでのことです」

（『ニクソン訪中機密会談録』名古屋大学出版会）

何とも不思議な会話である。このときニクソンは林彪事件には直接触れないまま、話題を南アジア情勢のことに転じている。

その場でニクソン、あるいは会談に同席していたキッシンジャーが、林彪事件についてさらなる説明を求めていれば、毛沢東は林彪の名前を挙げて、もっと踏み込んだ発言をしていたかもしれない。しかし、それはなかった。ニクソンたちにとって林彪事件は、この時点ではあまり優先順位が高くなかったということか、あるいは毛沢東に遠慮したのか、よくわからない。

毛沢東の発言で興味深いのは、名前こそ挙げていないが、林彪が米中国交正常化に反対していたと示唆していることだ。だが、本当だろうか。当時、毛沢東が打ち出した政策に真っ向から反対できる高官がいたとは思えない。少なくとも、林彪がニクソン訪中に反対していたことを確認できる資料は、今のところ見つかっていない。少なくとも私は知らない。

ならば毛沢東は、ニクソンにでたらめを言ったのだろうか。だとすれば、その狙いは何なのだろうか。

毛沢東と周恩来が、林彪事件について米国がどの程度情報を握っているのか探りを入れているかのような話し方になっているのも興味深い。このとき中国は、林彪事件のことを対外的には一切公表していないのに、米国は当然知っているかのような言い方をしている。

プロローグでも書いたように、少なからぬ中国政府関係者は当時、林彪は失脚したのかと外国人から尋ねられれば、これを否定していた。北京にいる外交官や新聞記者は事実関係の確認にそれぞれ追われ、一部の外国メディアは林彪の失脚を報じていた。専用機の墜落をめぐっては、空中爆発説や陰謀説といった未確認情報も話題になっていた。毛沢東は当然そのことを知っており、米国の反応を直接確かめたかったのだろう。

## ソ連とモンゴルによる中間調査報告書

「極秘（Сов. секретно）」

その書類の右上にはロシア語でそう書かれている。A四サイズの紙で、二枚分。タイプライターで打ったと思われるキリル文字がびっしりと並ぶ。

左上にある日付は、林彪事件から約一カ月半後の、一九七一年一一月二日。ソ連とモンゴルが共同でこの事件についてまとめた中間調査報告書である。

モンゴル政府関係者が見せてくれた。

署名しているのは、ソ連の国家保安委員会（ＫＧＢ）の調査部副部長Ａ・Ｖ・ザグボーズジン、国防省法医主任専門員Ｖ・Ｖ・トリミン大佐、国防省中央法医学研究所上級研究員

4-5

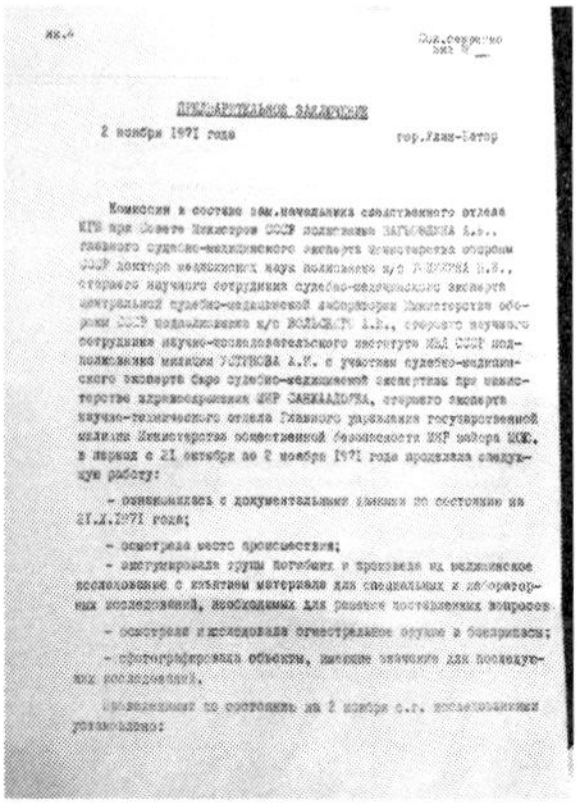
2 ноября 1971 года
гор.Улан-Батор
в период с 21 октября по 2 ноября 1971 года проделала следующую работу:
- осмотрела место происшествия;

ソ連とモンゴルの共同調査報告書

A・I・ボリスキー中佐、内務省科学調査機関上級研究員A・I・ウスチノフ警部補の四人。これにモンゴルの国家公安省の幹部ら二人を加えた計六人の専門家だった。

彼らは墜落機から見つかった九人の遺体を埋葬地から掘り返し、事件について調査を進めた。そして、次のように結論づけた。事件直後の貴重な内部文書である。少し長いが引用したい。

本年一一月二日時点での調査結果で判明した事実は以下の通り

Ⅰ　遺体の医学的調査

1　回収された遺体はすべて、後期死体現象の状態にあった。すべての遺体に、炎や高温にさらされた痕跡が見られた。

2　遺体が回収された九人全員の死因はいずれも、生前に受けた致命的な傷害によるものである。

3　事件当日のものと考えられるような銃器による負傷や損傷は見受けられなかった。

4　焼死と見られる兆候はなかった。

5　個人を特定する特徴の調査は実施していない。小頭部及び顔面部の骨及び、大型の管状骨によって、年齢や身長の判定をする追加調査が求められる。

—手指は指紋採取が可能である。

6　九人の遺体に関する中間調査結果によれば、二体はほかの七体に比べて明らかに高齢の男性である。この高齢の男性の二遺体について、さらに正確に疑問に答えるためには、追加の調査が求められる。

どうだろうか。ソ連とモンゴルの専門家たちは、専用機に乗っていた九人は、墜落による衝撃が原因で死亡したと強く示唆している。機内で誰かが負傷するような争いはなかったと結論づけるとともに、遺体は墜落による死後に焼かれたものだとし、空中爆発などによる焼死の可能性は明確に否定している。

興味深いのは、九人の遺体のうち二体は「明らかに高齢の男性」だとしていることだ。モンゴル内務省元幹部のバトゥスフは、ソ連が遺体を掘り起こし、二体の高齢の男性の頭部と指を持ち去ったと証言していた。調査報告書は、この証言と一致している。

この調査報告書は続いて、発見された拳銃について以下のように述べる。

Ⅱ　武器の調査

調査では八丁の携帯銃器が発見され、うち七丁は拳銃、一丁は自動小銃だった。拳銃には商標がついており、自動小銃にはなかった。構造から判断すると、拳銃六丁は口径九ミリのマカロフ（ＰＭ）で、うち五丁は中国製、一丁はソ連製である。

弾倉のうち三つは番号が拳銃本体と一致しなかった。これは、拳銃の一部が同じ構造の別の個体の弾倉を使って組まれていたか、もしくは飛行機の中にさらに別の銃があり、それがまだ発見されていないためと考えられる。

七丁目の拳銃は、口径が七・六二ミリの中国製「ワルサーＰＰＫ」だった。

七丁の拳銃のうち四丁は射撃が可能だった。残りは、機械的あるいは熱による欠陥があり、まったく射撃に適していないか限定的にしか使えない状態であった。

（後略）

若干補足をすると、マカロフ（ＰＭ）とは拳銃の名称で、もともとソ連で作られたものだが、中国はこれをコピーして五九式拳銃と名付けて自ら製造していた。結局、発見された八丁の拳銃はいずれも発射されていなかったということなのだろう。

文書を見せてくれたモンゴル政府関係者に質問すると、彼はうなずいた。そして、少し考えた後で言った。

「断定はできないが、おそらくそうだろう。それに、機体に銃弾の跡などもなかった。ただ、この文書とは矛盾するような話もある」

## 墜落原因は何だったのか？

「矛盾する話」とは、事件直後に、現場近くの鉱山の見張り役三人にモンゴル政府が聴取した際、飛行機の音を聞いて外に飛び出したところ、機体は空中で爆発したように見えたとの証言のことを指す。このモンゴル政府関係者は、調査報告書が出た後も何か納得できない感情を持ち続けたという。

中国側にも、ミサイル攻撃による空中爆発かもしれないと考えた人物がいた。第一章で触れた駐モンゴル中国大使館員で、墜落直後の現場に入った孫一先である。

孫は回想録のなかで、墜落現場で翼に大きな穴が開いているのを見て不審に感じたことを記している。「この大きな穴は地対空ミサイルで撃たれたように見える」と孫は思った。自分が以前見たことのある、ミサイルを撃たれて墜落した国民党軍の偵察機とは少し違っているように感じたが、もし墜落の原因がミサイル被弾によるものならば、事件の性質は全く別次元のものになる。その重大性を考えて、孫は、その場にいたモンゴル側の当局者たちが不審そうな表情を浮かべるのも気にせず、穴の空いた翼の写真を何枚も違った角度から撮った。

墜落の原因は何だったのか。空中で爆発した可能性も本当にあるのだろうか。その場合、地上からミサイルでの攻撃を受けたのだろうか。孫はその回想録のなかで、中国空軍の専門家チームが林彪の専用機の墜落原因について、事件から八カ月後の一九七二年五月一九日にまとめた報告書を後に入手したとし、その内容を明らかにしている。その要点をまとめると、以下のようになる。

4-6

墜落機の翼にあった穴の写真。モンゴル側が現場で撮影した〔モンゴル側関係者提供〕

▽墜落現場は、着陸のために選ばれた場所とみられる。周囲には山や丘があるが、墜落現場は草原で不時着に適した場所だった。飛行機は東南から北西に向かっていたが、墜落した際の向きは北から南に向いており、着陸方向も選択されたとみられる。

▽翼から着陸のためのフラップが下げられている。機体は着陸態勢にあった。

▽地面に滑走の跡がある。残骸の飛散状態も、細長い帯状になっている。これは不時着の際の特徴である。

空軍調査チームは、孫が現場で写した三五〇枚以上の機体写真を拡大した上で詳細に分析し、こうした結論を導き出したという。

では、専用機が不時着を試みていたとして、それがうまくいかなかったのはなぜか。中国空軍の専門家調査チームは、これについて以下のような見解を示している。

▽着陸速度が速すぎたとみられる。本来、着陸の際に使用されるはずの減速板が開いていない。正常な状況では、減速板を開くのは副操縦士の仕事である。しかし、同機には副操縦士が搭乗していなかった。

▽墜落機の残骸は長さ七五〇メートル、幅八〇メートルに及んでいる。墜落機の破壊の程度は大きい。まず後尾が地面に触れて、機体が大きく揺れ、両翼が折れたとみられる。機体の中央部分だけが慣性によって前に飛び出した。この過程で燃料タンクが破損し、大きな火災を生じさせた。

では空中爆発説についてはどうか。

▽空中爆発の可能性は、完全に排除できる。地面に飛行機が着陸しようとした跡が残っており、機体の残骸が比較的、集中している。過去の例を見ると、空中爆発の場合、機体の残骸は一〇キロ以上に及ぶ。

▽墜落機が撃ち落とされた可能性についても、完全に排除できる。右主翼付け根の大きな穴は、燃料タンクが翼のなかで爆発したことによって生じたものとみられる。

中国空軍の専門家による調査チームは、そう報告書に記していたという。疑問は残るものの、少なくともこれがその後の中国の公式見解の根拠となっているのは事実だ。

ナゾは浮かんでは消え、また浮かぶ。いったい真相はどこにあるのか。

## 鄧小平の謎めいた発言

事件から九年後の一九八〇年一一月、肩書は党副主席であったが、内外ともに認める中国の最高実力者だった鄧小平の発言によって、ナゾはさらに深まった。

墜落原因について米国メディアの記者に尋ねられた鄧は、こう答えた。

「私個人の判断だが、操縦士はいい人（好人）だ」

なんとも唐突な回答ではないだろうか。一体どういうことだろうか。

墜落機の操縦士（パイロット）のことを鄧が「いい人」だと評したということは、操縦士に対して共産党は、林彪らに対するものとは異なる評価をしていたということになる。

鄧のこの発言を受けて、専用機の中で林彪らが「ソ連に向かえ」と命じたのに対し、操縦士の潘景寅が抵抗し、それが原因で墜落したとする何らかの証拠を共産党は手にしているのではないか、との見方も生まれた。

欧米のメディアだけでなく、中国共産党の機関紙である「人民日報」も、鄧小平の発言を大きく取り上げた。中国側が林彪事件について内外に伝えたい政治的なメッセージなのではないか――。そんな臆測を呼んだ。

その後、中国当局は、墜落死した九人のうち、操縦士ら乗組員四人を「林彪反党集団」のメンバーとは見なさず、明確に区別した。中国当局も、鄧の発言と合致する姿勢を示したのである。

一九八一年、人民解放軍の総政治部は、操縦士ら乗組員については「死亡」であったと表現し、この問題について政治的な決着を図った。そして、軍人年金支給証とでも言うべき

「革命軍人病故証明書」という公文書を発行し、遺族に渡した。

林彪とともに毛沢東を裏切り、ソ連へ亡命しようとしていたならば、「死亡」といったニュートラルな表現をすることはない。「死亡」とするのは、政治的には罪がないことを示したものだ――。共産党のこのロジックは分かりにくいかもしれないが、鄧小平の言い方にならえば、操縦士ら四人の乗組員はすべて「いい人」だと共産党から正式に認定されたのだ。

**「林彪・江青反革命集団」**

それで言えば林彪らは逆に、完全に「悪い人」だと認定されたと言っていいだろう。林彪らは、一九八〇年から八一年にかけて、江青ら「四人組」と同じ特別法廷で裁かれた。

事実関係について判決は、以下のように認定している。

林彪・江青反革命集団は政府を転覆させ、我が国の人民民主主義独裁を覆そうと画策した。

・一九七〇年一〇月、（林彪の息子の）林立果は武装クーデターの秘密中核部隊を編成し、「連合艦隊」と名付けた。

・一九七一年三月、林立果、（空軍幹部の）周宇馳らは上海で武装クーデター計画を作成し、「五七一工程紀要」と名付けた。

・一九七一年九月五日と六日の両日、林彪と（妻の）葉群は、周宇馳、黄永勝から秘密報告を相次いで受け、林彪がひそかに権力奪取を狙っていることを察知した毛沢東の発言を認知。地方視察中の毛沢東を謀殺すること、武装クーデターを行うことを決意した。

そのうえで、毛沢東暗殺計画が発覚した後、「林彪は、周恩来首相が山海関へ飛んだ特別機を追跡していることを知り、南の広州に逃げて別の政府をつくる計画は実現不可能と判断。（七一年九月）一三日午前〇時三二分、強制的に飛行機を飛ばし、国を裏切って外国に逃亡し、その途中で墜落死した」とした。

4-7

林彪と「四人組」を反革命の罪などで裁いた1981年の特別法廷の判決書。この判決が中国の公式見解となっている。北京の中国法院博物館に展示されている

これが、こんにちに至るまでの、中国共産党政権にとっての「事実」であり、林彪事件に対する変わることのない公式見解である。

このときの裁判の様子は、中国のテレビで放映された。法廷に立ち、激しい口調で反論する江青の映像が残されている。

鄧小平をはじめとする当時の中国指導部

4-8

判決書と一緒に展示されている公判資料。案件名として「林彪江青反革命集団案」と書かれている。右側の写真は毛沢東の妻、江青

は、この裁判を通して、文化大革命という大混乱を中国にもたらした執政党としてのけじめをつけようとしたのだろう。文化大革命期に多くの人が理不尽な迫害に遭ったが、それは江青ら「四人組」が、存命中の毛沢東をだました結果、引き起こされたものだと結論づけられた。

理解しにくいのは、江青ら「四人組」と一緒に林彪が断罪されたことだ。判決文には「林彪・江青反革命集団」との表現が頻繁に出てくる。「林彪反革命集団と江青反革命集団は、それぞれ党と国家の最高権力を奪取しようとしており、両者は同盟を結ぶと同時に、先鋭な矛盾もあった」と判決文は述べているが、どうも変な感じだ。

そもそも林彪事件の原因をつくったとされる「廬山会議」で噴出したのは、林彪派と江青ら「四人組」との間の権力闘争ではなかったか（これについては第三章で詳述した）。にもかかわらず、江青にいたっては、判決文で「林彪・江青反革命集団の首魁である」とされ、死刑判決（執行猶予二年）を受けている。激しく対立した両派が一緒にされ、反革命の罪に問われ、生き残った江青にすべての罪をかぶせていることに、中国共産党の病巣の深さを感じずにはいられない。

## ソ連が持ち去ったブラックボックス、その後

もう一つ、つけ加えておきたい話がある。

墜落した林彪の専用機のブラックボックスをソ連が持ち去ったことは第一章で書いた。そこに残された記録の中身が分かれば、謎の解明は格段に進むはずだが、実はブラックボックスの存在自体が公表されていない。ソ連はブラックボックスを一体どうしたのだろうか。

調査を進めるなかで、ある中国人の研究者が匿名を条件に興味深い話をしてくれた。江沢民が国家主席だった一九九〇年代に中ロ両軍幹部が開いた会談の公式記録を読んだことがあるというのだ。

その記録によれば、ロシア軍の幹部は会談に臨んだ際、雑談でもするような口調で、林彪が乗っていた墜落機のブラックボックスの話を持ち出したという。そして、曖昧な言い方ではあったものの、記録内容を伝える準備があることを中国側に示唆した。

ロシア側が何を言っているかは、中国の軍幹部にもすぐに分かった。情報公開に積極的な

エリツィン政権らしい提案だと中国側は受け止めた。ところが驚くべきことに、中国軍幹部はロシア軍幹部のその提案を無視し、わざと話題を変えたという。

「突然の提起に、どう返事をしていいか分からなかったらしい。（その中国軍幹部は）安易な発言は政治的に危険だと思ったのだろう。残念だ。おそらく、あれが最後の機会だったのではないか」とこの研究者は言って、残念がった。口は災いの元。知らぬが仏と思ったということか。ロシア側は中国軍幹部のこの態度をみて、ブラックボックスの内容に中国は関心がないと受け止めたことだろう。だから、再びディール（取引）が持ちかけられることはない……というのが、この研究者の見立てだった。

私はこの話を聞いて思った。林彪事件からこれだけの年月がたっても、ロシアはいまだにブラックボックスの内容を公開せず、それを中国との取引に使おうと考えている。一方、中国はそんなディールに乗るつもりはない。だとすれば、万が一、ブラックボックスの内容がロシアから中国側に伝えられたとしても、中国政府がそれを公表する可能性はきわめて低いのではないか。結局のところ、中国共産党にとって林彪事件の真相など明らかにならない方が都合がいいのだ。

ミネルヴァのふくろうは黄昏に飛び立つ――。いつの日か中国共産党が黄昏を迎えたときに、林彪事件についての考察は今とはまったく違ったものになるかもしれない。

第五章

# 今、習近平がやっていること

## 急速にモラル失う中国社会

中国は変わったなと思う。習近平体制になってから、中国社会は急速にモラルを失っている。

中国メディアを見ると、モラルの欠如を示す事件が毎日のように報じられている。古くからの友人たちも、こうした状況を憂えている。いったい、どうしてしまったのか。中国人は経済的に豊かになったことで傲慢になってしまったのだろうか。

こうした疑問の答えを求めて、四川省で高校教師を務める范美忠（四一歳）を訪ねた。一三億人の中国人のなかで、モラルについて最も真剣に考え続けている一人だと私は思ったからだ。

約九万人に上る死者・行方不明者を出した二〇〇八年の四川大地震の直後、范美忠は道徳（モラル）のない教師として中国の各界から厳しい批判を受けた。授業中に地震に襲われ、教室に生徒たちを残したまま、真っ先に校舎を飛び出て、校庭へと逃げ出したからだ。地震後、「范跑跑」というあだ名で呼ばれるようになった。「跑」は中国語で走るとか、逃げるとかの意味がある。つまり、「逃げ范」という不名誉な名前で呼ばれるようになったのだ。

取材テーマを正直に伝えたところ、私でよければ何でも話しますよ、と快諾してもらえた。

四川省の省都である成都市の郊外で、お茶や食事をしながら、じっくり半日かけて、話を聞かせてもらった。

5-1

四川省の高校教師、范美忠。2008年の四川大地震の際、教え子たちを教室に置き去りにして、校庭に逃げたことで、モラルがないと批判を受けた〔成都市〕

**「本当にみんなが英雄だというのか」**

――地震のとき、生徒を置き去りにしてなぜ一人で逃げたのか、教えてもらえませんか?

「人間の本能による恐怖からです。地震大国の日本とは違う。中国では普段、大地震が起きたときの訓練などしていなかった。気づいたら、校庭に逃げていました。生徒に対して責任は感じています。でも、道徳上の問題とは違うと思うのです」

――では、地震の後、インターネット上で自ら「逃げた」と告白したのはどうしてですか? 誰かが告発したわけではなく、自らすすんで公表したのですよね。言わなくてもいいことなのに。不思議に感じました。

「地震の後、大量の英雄報道が行われました。大震災のなかで、人命救助に戦う人々の姿が大々的に報道されました。テレビに出てくるのは、英雄ばかりだった。これを見て、私は不愉快な気持ちになったのです。本当にみんなが英雄だと言うのか。ウソだ。少なくとも私は英雄ではない。そんなことを考えて、自らの行為を公表しようと思った」

——でも、その結果、道徳（モラル）がない教師として批判されました。おそらく、多くの中国人は、自分たちの暮らす中国社会が以前と比べて、モラルを失ってきていると感じているのではないでしょうか。だから、教師が生徒を見捨てて逃げた、という話を聞いて、自分たちの感じている近年の中国社会のモラル欠如を典型的に示す例として、話題になったのではないですか？　違いますか？

「言っていることはよく分かるけど、どうですかねえ。中国社会のモラルなんて、もうとっくの昔になくなっているのではないかと思います。何しろ文化大革命では、妻が夫を、息子が父を、互いに髪を引っ張り合うつるし上げをした。人間性の基礎はそのとき、すでに破壊されているのではないでしょうか」

## 異例の職業選択

四川省の農村に生まれた范美忠は、幼い頃から勉強がよくできた。小学生のときは、学校の図書館にある本をすべて読み、しかもすべて暗記したという。「何の苦労もなく、できてしまった。一生懸命に勉強した記憶などまったくない」と、本人は屈託のない調子で言った。村の神童として、町の進学高に難なく進み、大学入試では、中国で最難関と言われる北京大学の歴史学科を受験。ストレートで合格している。歴史学科は、北京大学の数ある学科のなかでも特に偏差値が高かった。入学した時点で将来のエリート人生は約束されたと言ってよかったが、大学生活が始まってしばらくして范美忠は重要なことに気づいたという。「私は（受験）勉強はできたけど、文学も芸術も、この世の中の本当のことを何も知らない」と。

小さい頃から神童と呼ばれた経験のある同級生が数多くいるなかで、范美忠は、大学での自分の成績が特別、優れているわけでないことに気がついた。大学受験のような試験なら、それでもまだ自信があった。暗記なら、何でもできた。ところが、同級生たちと映画について話をしても、自分だけ冴えた視点の感想が言えない。読んだ本の内容について友人たちと議論をしても、話がかみ合わなかった。

一体これはどういうことか。自分は天才ではなかったのか。それまでの自信が急激に崩れていくのが分かった。そして、これまで自分が受けてきたこの国の教育に疑問を感じるようになった。このまま、自分のような子どもが次々と作り出されていくべきではない。そう思うようになり、卒業後は、地方の中学校や高校で普通の教師として教壇に立つことを決める。名門校の卒業生としては異例の職業選択だった。

第三章で、文化大革命のさなか、北京大学の物理学科に進学した女学生が、毛沢東の「上山下郷」政策によって遼寧省の田舎に送られ、教師をさせられたことを書いた。今では北京の大学教授になっている彼女が、当時を振り返って、自分の知能と知識を国家のために直接役立てられず、非常に悔しい思いをしたと語っていたことを覚えておられるだろうか。この話からも分かるように、名門大学を卒業して、范美忠のように自らすすんで地方の高校教師になるケースは、極めて稀だった。

## クビになった最初の勤務校

ただ、范美忠が普通の教師になれないことは、大学卒業後、最初に勤めた学校で起きた出来事で明らかになった。范美忠は授業中に、「中国共産党の言っていることが、物事のすべてではない」との持論をいきなり展開したからだ。本人としては共産党を否定したつもりはなかったが、共産党一党支配の中国の教育現場ではあり得ない内容の授業だった。その直後、この学校からクビを言い渡された。

事情が事情だけに、そう簡単にはほかの学校に再就職できそうになかった。二〇代の范美忠は無職のまま、旅人として中国各地を転々とする生活を選んだ。だが、行った先の街の名士には必ずといっていいほど北京大学のOBや関係者がいて、北京大学卒業生であることを明かすと、手厚く遇されたという。加えて、歴史学科の同級生たちは中国各地から集まってきていたから、その家々を訪ねて滞在させてもらうことも多かった。放浪生活のなかで、泊まるところや食べものに困ることは一度もなかったという。『三国志』に見られるような、客人をもてなす文化が中国にはまだ残っているのだろう。

そんな暮らしを続けるなかで、范美忠は、「君の好きなように授業をしてくれ」と言ってくれる理解者と出会う。こうして、現在の勤務先である四川省の私立学校に就職することになった。

中国社会におけるモラルの欠如や、中国共産党がこの国にもたらしたことについて、范美忠は、四川大地震の前から考えを巡らせてきた。大地震に遭遇して、生徒を置き去りにして一人、校庭に逃げ出したことを自らネット上に公表することで、そうした自らの問題意識を、中国の人々に訴えかけたのだ。

「共産主義というものを信じていたときはよかったかもしれない。でも、みんな、それが虚無であると気づいてしまった。中国人の心と精神は、廃墟と荒野になった。権力とお金のほかに、いかなるものも真実ではないと、みなが感じ始めている」

蔓延する政府高官の腐敗行為、逆転不能な超格差社会……。経済がいかに発展しようと、道徳なき統治によって、モラルある社会が築かれることはない。范美忠の言葉には、そんな思いがにじむ。

## 魯迅の憂い

こうした范美忠の苦悩は、私には、民族同胞たちのモラルの欠如に直面した作家・魯迅（一八八一―一九三六）の問題意識と重なって見える。

一九〇四年、二〇代前半の魯迅は仙台医学専門学校（東北大学医学部の前身）に中国人で最初の留学生として入学した。しかし、授業で見たスライド（幻灯機）の映像に衝撃を受ける。そこに映っていたのは、同胞が処刑されるのを無表情に眺める中国人の姿だった。その時のことを魯迅は『吶喊《とつかん》』という作品集に、「医学など少しも大切ではない」「我々の最初になすべき任務は、彼らの精神を改造すること」であって、それには「文芸が第一」だと考えたと書き記している。この日の出来事が転機となって、魯迅が医学の道を捨て、文学の道へ進むことになったのは有名な話だ。

魯迅は後に「中国においては、特に都市においては、急病で道に倒れたり、車がひっくりかえってけがをすると、通行人はとりかこんで眺めたり、あるいは面白がったりするけれども、救助の手を差し出す人はめったにいない」(「経験」一九三三年)と書いた。

その憂いに思いを重ねるように、范美忠は怒りを込めて言った。「すでに中国人はまじめに生きたいと思わなくなっている。生きるために適応し、ウソをつくことに慣れてしまった。良心も負担を感じない」

## 文化大革命の負の遺産

中国社会のモラルは、かつて魯迅が嘆いたような状態に戻ろうとしているのではないか。范美忠はそのことを危惧していた。ではなぜ、そうした事態に再び陥ろうとしているのか。理由として范美忠は、毛沢東時代の文化大革命を挙げた。その経験が、致命的な影響を中国社会に与えているというのだ。

文化大革命とは一体どのような経験だったのか。

毛沢東にとって文化大革命は、理論的には「社会主義段階における階級闘争の継続」だったが、実際には、一九五〇年代末に毛沢東が発動した大躍進運動の失敗を遠因とした中国政治の権力闘争の一部だとする見方の方がはるかに説得力を持つ。大躍進運動は、西側資本主義国家に工業生産でも追いつけるとして、非現実的な鉄鋼生産などの目標が掲げられ、結果として農村経済に巨大な負の影響を与えた。この政策によって、多くの餓死者が出た。毛沢東はこうした自らの誤りによって傷ついた党内権力を再び取り戻そうとした。文化大革命はそのための政治運動だったという訳だ。文化大革命が始まると国家主席の座にあった劉少奇は「裏切り者」と糾弾されて失脚、不遇の死をとげる。ほかにも高官、幹部、一般市民のなかに、膨大な数の犠牲者が出た。

この文化大革命を毛沢東の命を受けて実際に主導したのが、毛沢東の妻、江青ら四人組だった。一九八〇年に特別法廷に提出された、「林彪・江青反革命集団」に対する起訴状には、中傷や迫害を受けた人は七二万九五一一人、迫害を受けて死亡した人は三万四八〇〇人に上った、と書かれている。だが、実際の被害規模はもっと多いはずだ。総計でどれくらいになるのか、正確には分からない。死者一〇〇〇万人、被害者一億人という推計さえある。いずれにしろ、政治分野だけでなく、社会や経済などあらゆる分野に大きな影響を与えたことは間違いない。

「文化大革命によって、中国共産党のウソが中国の人々に知られたことの意味は重い」と范美忠は語る。なかでも林彪事件が与えた影響は、中国内政の権力闘争のむごさと非条理を伝えるものとして極めて大きいという。

匿名を条件に話を聞いたので、名前を書くことはできないが、中国のある老学者は私にこんな話をしてくれた。

「文革によって、中国人は信じるものを失ってしまった。信じるものがなければ、道徳はなくなる。本当の意味で国を愛する気持ちもない。金だけがすべてだ」

文革は一九六六年から毛沢東が死去する七六年まで一〇年間続いた。私は尋ねた。

「どの段階で、文革は誤りだと気づきましたか」

老学者の回答は、はっきりしていた。

「林彪事件だ。昨日まで毛主席の後継者と言われていた人物が、ソ連に亡命しようとしたという。何かがおかしい。あれでもう毛沢東のことも、共産党のことも、何の疑いもなく崇拝することはできなくなった」

もし、今も魯迅が生きていたなら、何を思うだろうか。

中国の友人にそんな話をすると、過去に同じような質問を、毛沢東が受けたことがあると教えてくれた。

一九五七年、上海で開かれた文芸関係者らの座談会でのことだそうだ。出席者からの問いに対し、毛沢東は、あっけらかんとした調子で答えたという。

「(魯迅が生きていれば)牢獄に入れられ、そこで書き続けているか、あるいは何も言わなくなっているかだな」

出席者の一人だった作家の黄宗英は二〇〇二年に発表した文章でこのやりとりを紹介し、「震えを感じた。思い出すと血のめぐりが変になる」と振り返っている。

毛沢東は分かっていたのだろう。魯迅が生きていれば、将来、その批判精神は共産党政権にも必ず向かってくるであろうことを。そして、共産党はそうした魯迅を許さないことを。だから、毛沢東は、あくまで過去の人物として魯迅を評価し、利用し続けた。

文革には、共産党指導部内の権力闘争としての側面に加えて、毛沢東が大衆を動員した大規模な政治運動としての側面もある。多くの若者が「紅衛兵」となり、荒廃した経済の立て直しを主張した党の指導者らを「資本主義の道を歩む実権派」などと糾弾し、失脚させた。

## 王輝が語る文化大革命

当時、中国の人々はどのような状況にあったのだろうか。共産党幹部の立場で文革を経験し、その後も体制内で歴史研究を続ける天津社会科学院の名誉院長、王輝に話を聞いたことがある。

王輝は一九三〇年生まれ。文革開始後、天津市の革命委員会弁公庁主任などの要職を歴任し、文革終結後に職務を一時、停止される。八二年に復権し、その後、政府シンクタンクの天津社会科学院の院長に就任した。
中国共産党にとって文化大革命は、いわば負の歴史である。このため、当時のことを公の場で語るのは、今でも一種のタブーとなっている。こうしたなかで外国人記者の取材を受けるのは、政治的にかなり危ない行為である。にもかかわらず、王輝は実名でインタビューに応じてくれた。

5-2

天津社会科学院の名誉院長、王輝。1966年からの文化大革命の時代を天津市の当局者として経験した

文革当時、党幹部だった王輝は、造反派や紅衛兵に何度も捕まったという。王輝の話からは、共産党組織の一員としてそうした経験をしたことで、複雑な思いを抱えていることが伝わってきた。

「社会は混乱し、あらゆる規範を失っていました。恐怖でした。文革の初期、批判を受けた党幹部の自殺が最も多かったのです。私は（文革推進の目的で新たに設けられた権力機構である）文革弁公室の副主任として毎日、誰々が川に飛び込んだといった報告を受け続けました。町中が緊張してコントロールを失っていました」

——幹部として何を感じましたか。

「無力感、むなしさです。どうしたらいいか分かりませんでした。行政の仕事ができる状況ではなく、ただただ役所で時を過ごしていました」

「文革後も基本的には文革のやり方が続きました。文革中、多くの幹部が批判され、それに連なる人々がみな失脚しました。文革が終わると今度は、文革で失脚しなかった幹部が、みな引きずり下ろされました。現在の政治闘争においても、こうした点はいまだに文革の影響を受けています」

——文革は中国社会に何をもたらしたのでしょう。伝統的な文化や価値観が否定され、宗教施設なども壊されました。

「文革中には過激な破壊活動が起きました。現在、中国が抱える問題はすべて文革がもたらしたものだという見方もあります」

「（共産党への）信仰、理想、信念といったものが失われました。（豊かで平等な社会をつくるといった）共産主義の理想を信じる気持ちがなくなりました。人々は自信をなくし、残ったのは拝金主義と享楽主義でした」

――影響は大きいですね。

「大きいです。だから、習近平国家主席は今、『自信を持て』と強調しているのです。中国人は自分たちの理念や文化に自信を持たなければならない、と」

――一方で、文革時代を懐かしむ人々もいます。

「貧しかったが、腐敗はなかった。だから、一部の人々は今、貧富の格差がなく、腐敗もなかった時代を懐かしむのです」

――文革にもいい面があったというのですか。

「文革は高度に集中した伝統的計画経済を打ち壊し、その後の改革開放への条件をつくった。もし文革の歴史がなければ、中国はソ連の道をたどっていたでしょう」

「文革前に、多くの庶民は知りませんでしたが、私は幹部として何が起こっているのか、見ていました。党内には、すでに特権階級が生まれつつあった。幹部たちは夏は避暑地の北戴河に行き、庶民には一生、手が届かない生活をしていたのです。文革がなければ、特権化はさらに拡大し、中国は（民主化を求めた群衆にチャウシェスク大統領が殺された）ルーマニアと同じになっていたでしょう」

た。

## 「今のままでやっていく」

——改革開放は中国を豊かにしましたが、格差が拡大し、腐敗も横行するようになりました。

「鄧小平は両手でつかめと言いました。改革開放と政治の二つを、です。しかし、改革開放のカギを握るのは、一部の人が先に豊かになるという先富論です。そうした人々は権力を持ち、権力を私有化する。公権力を金に換える。金持ちが増えるということは、貧しい人々が増えるということでもある。それが今の社会なのです」

「鄧小平の言ったことに、もともと矛盾があったのです。鄧は、『貧富の格差が拡大すれば、改革は失敗だ』とも言いましたが、実際、この社会は金持ちと貧乏人とに両極化してしまいました」

——これから中国政治はどこへ向かうのでしょう。

「中国は今、左（共産主義）に進むこともできず、かといって右に行くこともできない。右とは米国式の民主政治の道です。このまま進んでいかなければ、生き残ることはできません」

——民主化には進めませんか？

「進めば、中国は四分五裂の道をたどるでしょう。これは怖いことです。米国は望んでいるかもしれないが、中国がソ連のように崩壊したら、経済も大混乱に陥るでしょう。かわいそうなのは庶民たちです。金持ちたちはみな、国外に逃げるのだろうけど……」

――では、共産主義の道は？

「すでに既得権益を持つ階級も生まれているから、左にも行けない。中国には今、どれだけの大金持ちがいると思いますか。彼らから再び財産を奪ったら、大混乱になります。ただただ、今のままでやっていく。これしか道はありません」

中国共産党は文革によって、多くの人の信頼を失った。豊かで平等な社会の実現を訴えた共産主義イデオロギーは色あせ、民主的に選ばれていない党政権が、自らを正当化する際に誇示できる実績といえば、経済成長を実現させたことぐらいしかない。

文革の歴史を直視すべきだとの声は、党内にも根強い。党機関紙である「人民日報」は二〇一六年五月、「文革は理論と実践における完全な間違いだった」とする論文を掲載した。

しかし、文革をめぐる自由な言論は依然として許されていない。歴史と現在とをつなげるような議論は、習近平指導部にとって都合が悪いからだろう。いまだに文革の歴史を清算できない党の苦悩は深い。

**議論呼ぶ、歴史教科書の改訂**

文化大革命をめぐっては、二〇一八年一月に中国メディアによって報じられ、大きな話題になった出来事がある。中国の歴史教科書で、文化大革命の負のイメージを払拭するような修正が行われたというのだ。毛沢東時代を肯定的に評価する習近平体制らしい動きだと思う。

当時の朝日新聞（二〇一八年一月一三日付）は、この出来事について、「中国教科書「文革」項目削除へ 「歴史」新版?·毛沢東の過ち認める表現消える」との見出しのもと、以下のように伝えた。

《3月から中国の中学校で使われる歴史教科書から、中国が混乱に陥った政治運動「文化大革命」の項目が削除される見通しだ。文革を発動した毛沢東の過ちを認める表現が削られるとみられる。中国では政治的な問題を巡る発言への締め付けが強まっているが、改訂の是非を巡り批判や疑問の声が上がっている。

（中略）

流出した新版の内容では、現行の「毛沢東が誤って認識」との表現や「動乱と災難」という見出しが消える一方、「世界の歴史は常に曲折を経て前進してきた」との説明が追加されている。

改訂には、習近平国家主席の意向が反映された可能性もある。習氏は2013年の毛沢東生誕120周年座談会で、文革の誤りを指摘しつつ「個人の責任だけでなく、国内外の社会的、歴史的な原因があった」と主張。「世界の歴史を見れば、どの国や民族もみな曲折に満ちている」と、毛への批判を和らげようとするような発言をした》

### 印教授へのインタビュー

この記事に関連して私は、あるインタビュー記事をまとめた。インタビューに応じてくれたのは、印紅標・北京大学国際関係学院教授。

印は、文化大革命の研究をしてきた著名な学者だ。しかし、中国のアカデミズムの世界で、このテーマでの研究発表をすることは、そう簡単なことではなかったという。中国共産党の負の歴史だからだ。習近平体制になってから、研究への制約は一段と強まった。不満が鬱積するなかで、歴史教科書から文革の項目が削除されると報じられた。そのことへの反発を、誰かに訴えたいと思っていたのだろう、インタビューを申し入れると、すぐに来てくれと、二つ返事で応じてくれた。

先の記事と同じ日に朝日新聞に掲載されたインタビュー記事の一部を以下、引用したい。

5-3

北京大学国際関係学院教授、印紅標。文化大革命とは何だったのかを研究し続ける学者

《なぜ隠す、過去に向き合え　北京大学国際関係学院教授・印紅標氏（中国近現代史）

中国で、文革の歴史を徐々にあいまいにしようとする問題は、昨日や今日に始まったものではない。教科書の言葉はより穏やかなものとなり、マイナス面の内容は減ってきている。理由は三つあると思う。

まず文革は共産党の過ちであったということ。党のイメージの問題がある。党の統治の威信や合理性に影響するからだ。

二つ目は、団結のためだ。ある期間までは悪いことはすべて（毛沢東の周りにいた）林彪や江青がやったとして団結が保てたが、弊害が大きくなっている。

最後に、文革研究は共産党の制度上の問題につながっていくということ。中国国内で研究が制限される一方、海外では学術的なもの以外に、反共の人々も文革を研究している。こうした人々に文革の歴史が利用されるのを恐れているのだ》

## 林彪、再評価の動き

このように、習近平体制が文化大革命の過ちを直視しようとしないなか、中国の庶民の間では近年、林彪を再評価する動きがじわりと広がり始めている。

もちろん共産党は、こうした動きを公式的には許さない。だが、中国の人々は、共産党が失脚高官に対して「反革命分子」との烙印を押しても、政治状況が変われば、いくらでも再評価があり得ることをよく知っている。鄧小平ですら、失脚と名誉回復を繰り返した（一般的には、三回失脚し三回復活したと言われるが、それ以上との説もある）。習近平の父親にして副首相だった習仲勲もしかりである。

実は、林彪の生誕一〇〇周年にあたる二〇〇七年に、その名誉回復をもとめる会合がひそかに開かれたという話を共産党関係者から聞いたことがある。

最初は、林彪の親族や、当時の林彪の部下、その親族といった、ゆかりのある人々が、林彪の生まれ故郷である湖北省で、記念の会合を開くという話だったという。ところが、この話が広まるにつれて、林彪らと同世代の、だが、彼とは直接関係のない高官子弟百人余りで一堂に集まろうということになった。高官の子弟たちは太子党と呼ばれ、ネットワークがある。このときの集まりのなかには習近平の親族も入っていたそうだ。

こうした動きは、やがて湖北省の地元当局の知るところとなる。高官の子弟らを中心とする会合だったので、当局者はその影響の大きさに鑑みて、地元の共産党トップである書記に判断をゆだねた。結果は、開催は認められないというものだった。

「肝っ玉の小さい書記だったから、面倒になることを恐れたのだろう」と、知り合いの共産党関係者は話す。参加予定者が予定通りに会合を開こうと、林彪の生まれ故郷である湖北省の村に向かおうとすると、村の周辺で突然、道路工事が始まり、村につながる道路はすべて封鎖されてしまった。

参加予定者たちは高官子弟なので、党中央に強いパイプを持っている。湖北省の地元当局のこうした対応に納得できない一部の人々が、中央の高官に働きかけた。すでに指導部のメンバーの一人だった習近平（国家主席にはまだなっていなかった）にも相談が持ち込まれたという。「分かった。規模を小さくするならば、北京でやればいい。私が保証する」。習近平はそう言ったという。この話は、林彪の関係者の間にも広まっていき、習近平は林彪の名誉回復に前向きだと固く信じている人もいる。

このエピソードは、習近平が国家主席になってから、文化大革命の歴史を直視しようとしなくなった共産党政権の基本姿勢と少し矛盾している。自らも高官子弟である習近平が、高官子弟らとの関係に気を遣っているように見える。

## 習近平と太子党

習近平が幼少のころ、父親の習仲勲は失脚している。その後、名誉回復がなされたかどうかは別にして、習近平と同世代の高官子弟たちは、みな同じような経験をしている。だからだろう、彼らの間にはある種の結束が感じられる。実際、習近平は、「太子党」の人脈を自らの支持基盤として利用することで、党内での出世を果たした。

たとえば、文化大革命で失脚した劉少奇の息子の劉源の場合、習近平とは小学校時代からの幼なじみだったと言われる。習近平が、軍の腐敗幹部の摘発を進める際に、この劉源が腹心の部下として力を発揮したという。他方で、太子党にとっても習近平は、党指導層のなかで自分たちの利益を代表する人間として、とても重要な存在だった。

習近平が最高指導者になったとき、太子党たちの期待は、半分は実現し、残り半分は予想外の事態となった。

期待通りだったのは、習近平が、いわゆる左派に理解を示し、共産党らしさを守ろうとする態度をとったことだ。習近平指導部は、民主主義や自由といった価値も、三権分立や民主的な選挙といった政治制度も明確に否定した。

太子党のメンバーにとって予想外だったのは、習近平が共産党の生き残りをかけて、党高官に対する反腐敗キャンペーンを打ち出したことだ。

徐厚才や郭伯雄ら多くの軍高官が取り調べを受け、失脚させられた。当初、太子党は、庶民とともに喝采を送っていたが、やがて、捜査の矛先が自分たちに向けられる可能性に気がついた。中国共産党の腐敗に対する庶民の不信感と不満は、党が独占する経済的な利益を、既得権益として享受し続ける高官子弟にも向けられていたからだ。

## 習近平の脆弱な権力基盤

習近平は、同じ太子党のメンバーでも、好意的な態度を示す相手のことは守り、言うことを聞かない人間に対しては厳しい態度をとっている。

こうしたやり方は、毛沢東が、自分の言うことを聞かないと思った高官たちを失脚させ、それによって党内権力を掌握した手法と似ている。中国共産党は民主的な人事制度を持たないので、指導部の人事は、不透明な権力闘争によって決まっていく。このため、なぜ習近平が最高指導者に選ばれたのか、対外的に説明できる党幹部は誰もいない。

元国家主席の江沢民や前国家主席の胡錦濤が最高指導者になったのは、鄧小平が指名したからだった。そのことが、選任の正統性を示しているかどうかは別にして、少なくとも「なぜ、この人物が最高指導者なのか」という疑問への回答にはなっている。実際、中国人のなかには、この説明で納得している人がいる。ところが習近平に関して中国共産党は、この

「なぜ」に対する答えを全く提示できていない。

つまり、習近平は、民意を代表しているとの正統性も持っていなければ、最高指導者から指名されたという事実もないという意味で、脆弱な権力基盤からスタートしているリーダーなのだ。このため、いかなる政策を打ち出そうと、つねにそれは民意を裏切っているとの批判にさらされる可能性がある。ロシアのプーチン大統領も、習近平と同じように強権的な政治指導者だが、習近平と違ってプーチンは、大統領選に勝利することで、最高指導者の座を獲得している。自らの正統性を証し立てる政治的な要素において、二人は根本的に異なっているのだ。

## 林彪も含む「中国十大元帥」

話が少し逸れてしまった。現代中国において、林彪がどのように評価されているかの話に戻ろう。

「偉大な領袖」毛沢東の暗殺を企て、そのことが発覚するとソ連へ亡命しようとした、「反革命集団の首領」、林彪――。林彪事件は、当時の最高指導部に大きな衝撃を与えた。ところが今や、林彪の親族や、当時の林彪の部下など、ゆかりのある人々による会合が中国で開かれるようになっているという。時代の変化を感じさせる動きである。

5-4

人民解放軍が建軍90年を迎えた2017年、中国国家博物館の記念展示に登場した「中国10大元帥」の10体の蠟人形のなかには、朱徳、彭徳懐、陳毅らと並んで、林彪のものもあった

人民解放軍が建軍九〇年を迎えた二〇一七年、中国国家博物館の記念展示の一つとして、「中国十大元帥」と銘打って、一〇体の蠟《ろう》人形が登場した。「中国十大元帥」とは、朱徳や彭徳懐、陳毅ら革命当時の人民解放軍を代表する一〇人の元帥たちだ。その中に林彪も含まれていたが、林彪事件が起きた後、この十大元帥は林彪抜きの九大元帥として紹介されるようになっていた。それが、今回の展示では、林彪も含む一〇人がそのまま蠟人形で登場していたのだ。

これは中央政府が管轄する、れっきとした公的イベントである。もはや林彪は、中国政治においてタブーではなくなったのだろうか。林彪の十大元帥への復活なのか。友人の共産党幹部に尋ねると、「変化が生じていることは確かだが、時がたち、林彪事件が歴史となってきているに過ぎない。名誉回復の動きとは違う。一線を画したものである」との返事が返ってきた。

本当にそうなのだろうか。どうもすっきりしない。中国の人々も同じようことを感じたのだろうか、中国国家博物館の「中国十大元帥」の展示では、蠟人形の林彪の前で記念写真を撮ろうとする人の姿が絶えなかった。

一人の中年男性が、蠟人形の林彪を指さしながら、小学生くらいの息子に対して、こう言い聞かせていた。「いいか、これが林彪だ。中国で最も強かった将軍だぞ」。

## 林彪の「生家」、今や観光名所

湖北省の山中にある林彪の「生家」を訪ねてみた。そこでも同じような変化が生じていた。

湖北省の省都の武漢から、車で三時間ほど走った郊外にある農村の一角。地元の人はそこを「林家大湾」と呼んでいた。「林一族が住んでいた池のほとり」といった意味だ。実際、そこには小さな池があり、池畔には土蔵造りの平屋建ての小さな家々が、緑の木々に囲まれて立ち並んでいた。

一九〇七年一二月五日、林彪はここで生まれた。

男兄弟三人の真ん中だったという。子どもの頃から優秀だったのだろうか。中学校を卒業した後、共産党の関係組織である中国社会主義青年団に一九二三年に入団したと言われる。

二年後の二五年、一八歳前後で村を出て、蔣介石が広東省に創設した黄埔軍官学校に入学、軍事について学ぶ。この後、二七年の南昌蜂起に参加するなど、共産党の軍事指導者としての道を歩み始める。革命の聖地とされる井崗山で毛沢東と出会い、長征にも参加した。

実は林彪の生家は、事件後に暴徒に破壊されていたが、その後、段階的に修復が進み、復元された。一九九〇年代後半からは、限定的ながらも一般公開されるようになり、二〇〇〇年代に入ってからは、多くの観光客が連日、訪れる観光名所になっている。地元政府は見て見ぬふりをしているようだが、その数は年間十数万人に上るそうだ。

村に入るのに三〇元（約五〇〇円）の入場料を払ったが、生家のなかに入るのに、さらに五元（約八〇円）を支払うよう求められた。チケットを売っているお年寄りの女性に話しかけると、この村の住民で、林彪の遠い親族だという。方言がきつくて、なかなか言葉が通じなかったが、年齢を聞くと「もうすぐ七〇歳。夫は七五歳です」とのこと。

林彪の生誕一〇〇周年を迎えた二〇〇七年のときのことを尋ねてみると、「あのときはひどかった。しばらくの間、村の周りの道路が封鎖されてしまって、ここに来たい人たちはみんな、そのせいで集まれなかったんですよ」。記念会合を開かせないように、地元当局が村の周囲で道路工事を始めたという話は本当だった。

生家の近くに建てられた展示館に入ると、軍服を着た林彪の蠟人形があり、華々しく活躍

5-5

生家に飾られた林彪の写真。幼名である「林育蓉」と書かれている〔中国湖北省団風県〕

していた時期の写真が何枚も飾られていた。写真なども豊富に用いて、林彪の事績を年代順にたどれる構成となっており、なかなか手が込んでいる。だが、毛沢東暗殺未遂とかソ連への亡命を図ったなどの記述は一切ない。

驚いたのは、林彪の写真がプリントされた灰皿や筆立てなど「林彪グッズ」と言うべき雑貨や、林彪を主題とする書籍が堂々と売られていたことだ。本のほうは、いずれも出版社名が表示されておらず、正式に許可を得て刊行したものではないのだろう。実際に読んでみると、林彪事件についての記述は見当たらず、軍人としての林彪の功績をたたえるような内容ばかりだった。

## 林彪の甥、林従安

生家を見学しているときに、林彪の兄の長男、林従安（六九歳）と偶然会うことができた。武漢にある大手国有企業を定年退職し、今は北京に住んでいるそうだ。すでに禿頭となっており、どことなくその顔立ちには林彪の面影があった。

話を聞くと、林彪事件によって林従安も悲惨な経験をしたようだった。

生まれ故郷を後にした林彪は、帰省することはほとんどなかったようだ。共産党に入党し、ゲリラ戦を中心に軍人として各地を転々として戦っていたし、当時は交通の便も悪く、帰省は簡単なことではなかった。だから、林従安が叔父と会ったのは数えるほどだった（記憶では五回だったという）。最後に会ったのは一九五九年のこと。林彪事件が起こる一二年前である。

それだけの関係だったが、林彪事件が起きた約一カ月後の一九七一年一〇月、親族であるというだけの理由で拘束された。当時は空軍部隊に所属する軍人だったが、自由を奪われ、党籍も剝奪された。その後、七年もの長きにわたって拘留されたという。

まさに連座制である。

今でも共産党政権は、人権派弁護士らを拘束する際に、家族の自由も平気で奪う。いくら習近平が、中国は「法治国家」だと強調しても、こうした現実を目の当たりにすると、説得力はまったくない。それが可能なのは、党の指導者が恣意的に権力をふるい、人々の自由を簡単に奪えるような仕組みを共産党がつくったからだ。

林従安が拘束された際の措置は「監督保護審査」と呼ばれるものだった。日本語で言えば、予防拘禁措置といった感じだろうか。本人が何か罪を犯したから拘束するというのではなく、何か罪を犯す恐れが大きいから、拘束するというもの。しかも、その理由が、林彪の親類だから、というのは何とも理不尽である。現在の共産党政権も同じようなやり方をしているのだが、この措置を使えば、取り調べを行うという名目で延々と自由を奪い続けることができる。

権力側からすると極めて便利な方法だが、やられる側からすれば、たまらなく苦しいものだ。いっそのこと逮捕して刑務所に入れてほしいと思うことすらあったと、この取り調べを経験した人から聞いたことがある。裁判で有罪判決を受けて服役すれば、懲役一〇年だろうが一三年だろうが、少なくとも刑期は確定する。ところが「監督保護審査」によって拘束される場合、その期限がない。だから、無期懲役のような状態だというのだ。

外国人にとっても他人事ではない。二〇一〇年に尖閣諸島近くで起きた中国漁船衝突事件の後、準大手ゼネコン・フジタの社員ら四人が河北省石家荘の軍事管区内で拘束されるという事件が起きた。このとき中国当局は、拘束した日本人に対して「居住監視」という措置を適用した。この場合、拘置所ではなく、公安当局が関係する宿泊施設などに軟禁して取り調べを行う。期限は定められているものの、延長が認められており、事実上、無期限で拘束を続けられる仕組みだ。

ノーベル平和賞の受賞者である人権活動家の劉暁波は、二〇一七年に事実上の獄死をした

5-6

林彪の生家にある像の横に立つ林従安〔中国湖北省団風県〕

が、その妻、劉霞も北京の自宅などで約八年間にわたって軟禁された。これも「居住監視」措置によるものだったとされる。中国共産党のやり方は、時代がいくら変わっても、何も変わっていないと、つくづく思う。

林従安の話に戻る。なぜ、七年という長期にわたる拘束となったのか、その理由を林従安に尋ねてみると、驚きの答えが返ってきた。

「確かにそうだ。親族のなかでも、おれが拘束された時間は長い方だ。おれの態度が悪かったからな」

——何をしたのですか。

「（頭にきて）帽子を机の上に放ったんだよ。帽子には軍の階級章がついているからな。それでだよ。法律や道理は何も通らなかった。めちゃくちゃさ。釈放されて家に帰れたときは三六歳だった。その後、運良く結婚できてよかった」

## 「林彪事件というのは政治問題」

林従安は名誉回復を果たした後、林彪の生家（当たり前だが、自分の父親の生家でもある）の建物の修復を、ほかの親族とともに進めたという。最初のころは、政治的な圧力が相当強かったのではないか。そう尋ねても、林従安は「先人は偉大だった。我々がやったことは小さなことだ」と答えるだけだった。

かつて、正当な理由もなく、長期間にわたって自由を奪われた経験を持つ人物だ。体制批判がいかに多くの代償を払うことになるのか、よく分かっているということだろう。言葉の端々に権力への不満を滲ませながらも、共産党政権を直接的に批判することは決してなかった。

「林彪の名誉回復は可能だと思いますか」との質問に対しては、「中国社会にはそういった声が確かにあるね。でも、党中央は何も答えていない。林彪は政権を奪おうなんてしていない。毛沢東と一緒に進もうとしていたのだ。それなのに毛沢東は、お前はおれの言うことを聞かない、だから反革命だ、とやったのさ。みんなそれで反革命にされた」。林従安は落ち着いた調子でそう答えた。

　林従安は自らに降りかかった苦難を淡々とした口調で話す。彼が経験した、あまりの理不尽さに、私の中に怒りが湧いてきた。たまりかねて、林彪事件とは結局、何だったのでしょうか――。そう尋ねると、林従安は一瞬あきれたような表情を見せた後、こう言った。

「いいかい、林彪事件というのは政治問題なんだ。革命後（中国共産党政権ができた後、という意味）、いったいどれだけの人が死んだと思うんだ。何人が冤罪で死んだか。これは林彪が個人的に何か問題を起こしたなどという問題ではないんだ」

　林彪事件とは中国政治の構造的な問題だという指摘である。共産党内の権力闘争とその余波によって、一体どれだけの人間が死んだのかとの悲痛な問いを発してもいる。つまり林従安は、党によって事件の真相は覆い隠されたままではないかとの疑念を暗に言おうとしているのだ。少なくとも私にはそう感じられてならない。

第六章

# よみがえる文化大革命

文化大革命が起きた毛沢東時代を想起させるような習近平の強権政治に対して、党内では不満もくすぶる。だが、権力を集中させる習近平の統治スタイルは、中国の幅広い層でかなりの支持を得ているのも事実だ。

これまで本書では、林彪事件が起きた背景には、共産党政権における熾烈な権力闘争があり、この構図は現在の習近平体制にも見て取れることを論じてきた。その習近平にも、政治指導者としての強さと弱さがある。それがどのようなものであるかを分析することで、いかなる点で毛沢東と似ており、どういう点で違っているのかを、この章では見ていきたい。

## 習近平が支持される理由

習近平はなぜ、党内で支持を得ているのだろうか。

第一の理由として挙げられるのは、いまや共産党は存亡の淵に立たされており、自らの生き残りをかけて、強い最高指導者を求めている、ということだ。

市場経済が国内に浸透するなかで、共産主義イデオロギーは弱体化している。こうしたなかで共産党は、自らの存在が中国にとって必要不可欠である理由を示すよう迫られている。共産党が打ち出している理屈は、欧米諸国の民主制では意思決定に時間ばかりがかかって、物事が進まないのに対して、自分たちは民主集中制を採ることで素早い政策決定ができるので優れている、というものだ。

共産党は「上部組織（指導者）の決定に対して下部組織は絶対服従だ」という犯すことのできない大原則を持つ。つまり、異論を許さないので、政策の決定や実施のスピードは確かに早い。これは今や、中国が自国の政治制度の優位性を訴える際の常套句となっている。

国際情勢が大きく変化し、米中対立などの問題が出てきたり、経済成長の減速感が鮮明になってきたり、内憂外患の重要課題をいくつも国内外に抱えるなか、この理屈は中国国内で一定程度受け入れられている。特に、必要なのは強いリーダーだという習近平の主張は中国の人々にとって、説得力をもっているようだ。

## 今なお人気を保つ毛沢東

歴史的に見ても、中国の人々は強い指導者を好む傾向にあると言ってもいいかもしれない。なかでも、近現代を代表する強い指導者が、毛沢東である。第二次世界大戦後、蔣介石が率いる国民党軍を破って、一九四九年に中華人民共和国を建国した毛沢東は、中国共産党にとってまさに「偉大な領袖」であり、中国の歴史のなかでも特筆すべき存在なのだろう。

毛沢東は一九五八年から六〇年前半期にかけて、「一五年でイギリスに追いつく」を標語に大躍進政策を推進し、鉄鋼の大増産や人民公社化を図ったが、これによって鉄鋼と他の生産部門とのバランスが崩れたほか、農村は荒廃し、数千万人の餓死者を出した。さらに六六年から毛沢東が死去する七六年まで行われた文化大革命は中国社会を混乱に陥れ、多数の中国人が甚大な被害を受けた。にもかかわらず、今でも毛沢東は中国で人気がある。崇拝する若者たちもいる。かれらは毛沢東主義者（マオイスト）と呼ばれている。

多くの犠牲者を生み、林彪を亡命へと追いやったというのに、毛沢東がこれほどまでに支持されるのは一体どうしてなのか。その理由が分かれば、強権的な政治指導者である習近平が、多くの国民に支持される背景も見えてくるのではないか。そこでまず、現代中国にあって毛沢東を崇拝し、自給自足の共同生活を送っている若者たちを取材した。

**自給自足の共同生活**

やさしそうな目をした若い男性がぺこりと頭を下げた。

「お待ちしていました。どうぞ」

陳武陽（二五歳）は丁寧な口調でそう言って、私を招き入れた。黒いジャンパーに色の濃いジーンズ。中国の、どこにでもいそうな普通の若者に見えたが、表情にきりりとした力が感じられた。

北京から高速道路で三時間ほど走らせた河北省の農村地帯。のどかな田園風景が広がるなか、旅館のようなたたずまいの二階建ての建物に、私は案内された。建物の周囲は畑で、入り口のそばで茶色のイヌが二匹、じゃれあっていた。

農場で約五〇人の若者たちが自給自足の共同生活を送っているという。集団にはリーダー格の人物が複数いて、陳武陽はその一人だ。決まった指導者はいないという。もともとこの建物は資産家の別荘だったが、長く使われていなかったので、賃料を払って使わせてもらうことにし、内部を改築して合宿所にしているそうだ。

鄧小平の主導によって市場経済への移行が図られてから、約四〇年。中国の一人当たり名目GDPは一九八〇年には三〇〇ドルほどだったのが、二〇一八年には九〇〇〇ドルを超え、約三〇倍に急増している。これだけ急速に経済発展を遂げている中国で、古典的な共産主義を信奉する若者たちが今なお存在するというのは、かなり不思議なことではないだろうか。

## 毛沢東思想との出会い

建物の二階に上がると、若者たちは肩を寄せ合うようにして座り、私の到着を待ってくれていた。何人もの若者が、明るい調子で「ニーハオ」と大声で挨拶してくれる。なんだろう、この友好的な雰囲気は。

日中関係には歴史認識をめぐる問題もあれば、尖閣諸島の領有権をめぐる緊張もあって、決して良好とは言い難い。それもあってか、中国ではどこに取材に行っても、日本人記者である私に対する周囲の態度は、どことなくよそよそしかった。ところが、この農場に集まった若者たちは違った。明らかに明るい歓迎モードなのだ。

全員で輪になって話をすることにした。共同生活への参加者の多くは二〇代で、なかには既婚者もいた。小さな子どもが廊下で遊んでいて、後で話を聞くと、子連れでの参加者もいるという。

ふと、かつて読んだ横山光輝の漫画『水滸伝』に出てくる梁山泊のことを思い起こしていた。権力者の奸計によって罪に陥れられた者や、人にやさしいがゆえに犯罪に手を染めてしまった者たちが、次々に梁山泊へと集まってくるのだが、それと似たる義人たちの隠れ家めいたものを感じたからだ。

「実は僕は、大学時代から反抗的な気持ちの強い人間でした。この社会、どこを見ても搾取ばかり。こんな不公平な社会はおかしいと反抗している人がどこかにいないのかとずっと思っていた。やがて、北京に陳情村と呼ばれる、地方から中央機関に直訴に来る人々が集まる場所があることを知って、そこで支援活動をしました。彼らの訴えをインターネット上で発表するのを手伝ったりしたんです」

そう話してくれたのは、陳武陽。北京の有名大学の一つである中国林業大学の学生だった時に人権問題に関心を持ったことが大きかったという。

「そうしたなかに、建設工事の現場で働く労働者の『維権（権利保護）』の問題もあった。経営者は利益ばかりを追求する資本家であり、労働者から搾取していた。これを変えようと一生懸命、活動しました」

大学を卒業して就職する道もあったが、どうすれば社会を変えられるのかという問題意識が頭から離れなくなった。悩みに悩んだ末、「人民のために服務せよ」との毛沢東思想にたどり着き、この農場での共同生活に参加したという。

曾世逸も陳武陽と同じようにリーダー格の一人だ。彼は以前、国有企業に勤めていたが、何か社会に貢献できる活動をしたいと思い、職を辞して、ここにやってきた。そのとき、彼の頭の中にあったのは、「習近平国家主席の『知識青年』の経験のこと」だったという。「知識青年」とは毛沢東時代に、都市から農村に送られた若者たちを意味する言葉だ。毛沢東が文化大革命を推進した際に、知識青年たちは農村に赴き、集団農作業に従事した。これを「上山下郷」運動と言い、習近平も一〇代後半でこの活動に参加し、陝西省の地方の農場で同世代の知識青年らとともに集団生活を送っている。曾世逸はそれと同じような経験をしたいと思ったのだという。

権力を持った共産党幹部や、豊かな金持ちたちとその親族たちだけが優遇される特権格差、異論を許さない息苦しい言論統制、農村出身者が露骨に差別を受ける人権軽視……。経済発展の陰で山積するこうした社会問題を、欧米由来の民主主義によってではなく、共産主義や毛沢東思想によって解決すべきだと彼らは考えているという。

「毛沢東思想の初心に戻って行動すべきだと思うんです」と陳武陽は言った。

しかし、現在の中国共産党は、共産主義の理想から遠く離れた存在のように思える。中国社会に不平等や不公平がはびこっているのに、民主主義や自由の実現を公的な場で訴えることすらできない。こうしたなかで、みなが平等な共産主義社会を実現させようとすれば、それは現在の共産党政権を批判することにつながりかねない。

実際、陳武陽らの言動は、共産党当局との間に微妙な緊張を生んでいた。というのも、彼らがこの農場に落ち着く前、河南省漯河市の郊外にある南街村で小さな反乱を起こし、ちょっとした騒動になっていたからだ。

## 「改革開放」に逆行した村

この一件について述べる前に、南街村がどういうところなのかを説明しておいたほうがいいだろう。

南街村は中国では広く知られている。一言でいえば、鄧小平が一九七八年に打ち出した「改革開放」に逆行した村である。文化大革命で疲弊した中国経済を立て直すために、鄧小平は人民公社を解体し、経済特区を設置、海外資本を積極的に導入するなどし、市場経済化を推し進めた。こうしたなかで、各地の村でも市場経済が導入されていったのに対し、この村は時計の針を逆戻りさせるかのように、集団所有化を推進した。村が農地を所有・管理し、村人たちはそこで農作業をし、収入を得る形にしたのだ。

村人が住む住宅も村がつくり、すべての村人に提供された。教育や医療などは無料で提供され、食料の一部も支給された。農業だけでなく、工業分野も同じで、共産主義の仕組みで村営工場が運営された。つまり、この村は、村人たちの言葉を借りて言うなら、一つの村として共産主義社会を実現した、「毛沢東思想の村」なのだ。共産主義や毛沢東思想にあこがれを抱く若者たちにとっては、ある種の聖地のような場所である。

実は私もこの村を訪ねたことがある。

村に入る道に、真っ赤な文字で「共産主義は天国です。出世や金もうけなら、どうぞ別の道を進んでください」と書かれた、大きな看板が立てられていたことに、まず驚かされた。

一九九〇年代以降、内外のメディアでもこの村は話題になり、何度もニュースに取り上げられた。中国共産党は、建前としては毛沢東思想を依然として党規約に掲げているため、南街村を正面切って批判し、弾圧するのは難しいのだろう。一方で、深刻な経済格差を放置している中国共産党にとって、毛沢東思想を熱烈に信奉し、実践しているこの村の存在は、まるで自分たちのことを痛烈に風刺しているように見えるかもしれない。南街村は、中国社会のなかで、排除はされないものの、微妙な立場に置かれている。

## 欺瞞に満ちた南街村

毛沢東思想を信奉する陳武陽ら若者たちは、私と会う一年ほど前に、期待を胸に抱いて、南街村に向かった。

ところが、現実は違った。

彼らは、インスタントラーメンをつくる村営企業で働くことになったが、その工場で一日一二時間も働かなければならなかった。しかも共産主義社会なので、残業という考え方はないと言われ、残業代はゼロ。一日につき六万食を作るというノルマが課されたという。

それでも当初は、何かがおかしいと感じただけだった。だが、やがて、村の幹部たちがみな、裕福な暮らしをしていることに気づいた。

村で実際に働いているのは、村外から来た出稼ぎ労働者だった。彼らは、ほかの地域で働いている労働者よりも厳しい条件で働かされていた。

村で経営する農場や工場がうまく軌道に乗った場合、村人たちはその収益から分配金を得て、豊かな暮らしを享受していた。まるで彼らは、事業に成功した企業の株主のような存在だった。確かに、村人に限定していえば、平等な共産主義社会が実現していた。ところが、その基盤は、村の外からやってきた出稼ぎ労働者を搾取することで、初めて成り立つものだった。言ってみれば、それは資本家による労働者の搾取と、何ら変わりはなかった。

「僕らは人間ではなく、機械のように扱われた」

毛沢東主義者の若者たちも、さすがに数カ月ほど働いた後で、欺瞞に満ちたこの現実に気がついたという。一日のうち、働いている時間と食事をしている時間をのぞけば、寝ている時間しかなかった。休日もなかった。

陳武陽ら若者たちは、働き始める前に、この村を見学していた。だが、そのときは、村のからくりに気づけなかった。工場で働くうちに、資本家による労働者の搾取を共産主義は激しく批判してきたのに、共産主義を信奉するこの村は労働者を奴隷のように働かせている、それはおかしいとの不満が募ったという。

若者たちは一斉に工場を辞め、残業代の支払いを求めて集団訴訟を起こした。訴えは退けられたが、その後も彼らはあきらめずに法廷にこの問題を持ち込もうと活動を続けている。

ただ、そんな苦い経験をしたにもかかわらず、自分たちの信じる毛沢東思想を捨てはしなかった。「南街村は本当の共産主義ではない」と考えたからだ。

## 「医療では社会の問題は治せない」

河北省の農場で共同生活を送る陳武陽ら若者たちと輪になって話をした時、医科大学に入学したものの、結局、医師への道を捨てて、この農場にやってきた若者がいることを知った。一九九二年生まれの董蘭蘭（二五歳）。丸みを帯びたメガネをかけて、見るからに人の良さそうな女性だった。

「小さい頃、革命烈士の雷鋒について学びました。それが心に深く残った。こういう人になりたいと敬服したのが、きっかけでした」

雷鋒とは、毛沢東時代の「人民英雄」の一人だ。工場や軍で献身的な働きをし、わずか二二歳で亡くなった。一九六〇年代から共産党は、「雷鋒に学べ」というキャンペーンを大々的に展開した。文化大革命が始まると、さらに熱狂的な運動が各地で繰り広げられた。中国の教科書では今でも、人民に奉仕する共産党員の理想の姿として、雷鋒のことが取り上げられている。

「私たちが今いるのは平和の時代です。だから、私たちは幸運です。でも、社会にはまだ多くの問題があります。農村や農業の問題、貧富の格差の問題、出稼ぎによって農村に残された子どもや高齢者の問題……。こうした問題に誰かが関心を持ち、闘争によって解決しなければならない、そう思いました」

当初、医師を目指したのも、世の中の役に立ちたいと思ったからだ。こうして、地元の山西省にある山西医科大学に入学。ところが、「医療では社会の問題は治せない」と思うようになったという。

「私たちは経験を重ねることで、何が人民に奉仕することなのか、段々と分かってきました。どんな仕事をするかは重要ではなく、人民に奉仕することの本質は、私たちの心の問題だと思うようになりました」

## もし習近平と会えたなら？

毛沢東はすでにこの世にいない。若者たちにとって習近平は、中国社会が抱えている深刻な社会問題を解決してくれる救世主なのかもしれない――。

みなさん、今、習近平国家主席と会えたなら、何を訴えたいですか。そう尋ねてみた。

若者たちにとって、予想外の質問だったようだ。場がざわついた後、リーダー格の一人である曾世逸が、興奮した様子で話し始めた。

「その質問はすばらしい。私はすごく習主席に会いたいと思っています。なぜなら、私は習主席と心が通い合っていると思うから。習主席は、中国を、そして世界をよりよくするための建設をしようとしているんです。ああ、私はあなたにも感謝したい。あなたのその質問によって、私は今、習主席と会うことを想像し、とてもいい気分になれました」

今度は陳武陽が発言した。

「実際のところ、私たちと習主席は、目標をともにする者なのです。歴史上の皇帝たちも、その晩年には堕落した例がありました。中国共産党がそうならないように、人民に奉仕するという当初の志を忘れないようにしなければならないのです」

今の中国共産党は腐敗しているし、中国社会にも問題は多いが、習近平はそれを正そうとしている。そう言いたいようだった。

さらに一人の男性が手を挙げて、口を開いた。

「まず会見の機会をいただけたことに深く感謝します。後は……」。言葉は続かなかった。習近平と面会した時のことを想像して、感極まってしまい、言葉に詰まってしまったようだった。

「個人崇拝」という言葉が、私の頭に浮かんできた。

若者たちは習近平を崇拝している。腐敗撲滅や既得権益層の解体を、習近平に期待している。

だが、習近平は本当に、彼らと同じ方向を向いているのだろうか。

私からすれば、習近平の存在こそが、若者たちが問題だと感じている共産党の矛盾を作り出している元凶と思える。だが、彼らはそのようにはまったく考えていないようだった。

## 毛沢東主義者を代表する論客

毛沢東を崇拝する若者たちに強い影響力を持ち、指導的な立場にある人物を、ここで紹介したい。左派知識人と呼ばれ、毛沢東主義者を代表する論客の一人、韓徳強・中国航空航天大学副教授だ。

陳武陽ら若者たちに、河北省の農場を提供したのも、実は彼である。「直接、何か指導したりはしない」と本人は言うが、毛沢東主義者の若者らにとって精神的な支柱となっていることは確かだ。

中国共産党政権は、党が完全にコントロールできないような組織が存在することを何よりも嫌う。したがって、あるイデオロギーの下に若者たちを糾合し組織化することも、決して認めはしない。たとえその団体が共産党支持を表明していて、毛沢東思想を信奉していたとしても、関係ない。いつ何時、反体制組織に変わってしまうか分からないからだ。実際、韓徳強は、当局からさまざまな圧力を受けているようで、私たち外国人記者の取材に対しても慎重な姿勢だった。
それでも彼が、大学教師の職を追われたりせず、まがりなりにも言論活動ができているのは、毛沢東主義者は愛国主義者であり、自分も共産党を支持していると、ことあるごとに強調しているからだ。民主活動家や人権活動家も、中国での深刻な人権侵害や貧富の格差を何とかすべきだと訴えている。その際、彼らは、西側のような民主主義を実現させるべきだとし、共産党に対して批判的なスタンスを取る。それに対して毛沢東主義者は、こうした社会問題を解決するには、現在の共産党がより共産党らしくなるべきだと主張する。毛沢東を崇拝し、共産党支持を明確に打ち出すことで、中国社会での「市民権」を得ている形だ。

インタビューに応じてくれた韓徳強（一九六七年生）とのやり取りの一部を以下、紹介したい。取材を申し込んだ際のテーマは、「中国人とは何か」というものだった。大きなテーマ設定とすることで、内政から外交まで幅広く語ってもらおうとの狙いだった。

**「発展すればするほど、団結が必要」**

——毛沢東時代、中国には排他主義的な傾向がありました。外国人をどんどん追い出しました。

「中国は長期にわたって外国の侵略を受け、屈辱を受けてきた。そのように（排他主義を）考える時期があるのは当然ではないか。日本や英国には円明園（列強の軍隊によって破壊・略奪された北京郊外にある清朝の遺跡）がありますか」

——ところが、改革開放以降でしょうか、一九八〇年頃から中国に来る外国人がとても大事に扱われた時期がありました。

「よそ者だから大事にされた。中国人の排他主義はお客様扱いという形をとる」

——今は違います。中国人は再び、外国人に対して遠慮がなくなった。

「対等になったということではないかな。表面だけ見れば、中国はすでに日本よりも米国よりも、ドイツやフランスよりも発展した国になっている。しかし、内実は違う。使っている先端技術は日本やフランスのものだ。自分たちの技術ではない。まだまだ、もっと多くの外国人が中国に来るようになるだろう」

——統計を見ると、中国に来る外国人は減っているのではないですか。

6-1

毛沢東思想について語る中国航空航天大学副教授の韓徳強〔河北省〕

「段階的なもので、やがてまた増える。例えば、ドイツはチベット問題で中国のことをよく批判する。こうしたことが中国への旅行客の減少につながっているのだろうが、長期的に見れば、中国への旅行客は増えていく」

——確かに中国は発展しました。貧しいときならまだしも、なぜ、今でも民族の団結が必要なのですか。

「発展すればするほど、団結が必要なのだ。道徳が必要なのだ。発展すれば、いがみ合いが増え、規律を守らなくなるから、団結しなければならない。分裂してはならないから、団結なのだ」

## 偉大な領袖は必要？

——中国には毛沢東のような領袖が必要だと言うのですね。

「疑いようのない事実として、中国にはそうした領袖が欠けていた。だから今、習近平が登場したのだ。私はこれをとてもうれしく思う」

——習近平の名前がついた思想（習近平思想）が二〇一七年の党大会で党規約のなかに明記されたことをどう思いますか。こうした形で名前が党規約に入るのは、毛沢東思想と鄧小平理論に次いで習近平が三人目です。前国家主席の胡錦濤やその前の国家主席の江沢民はそれぞれ名前を党規約に入れることができませんでした。

「愉快に感じる。（習近平思想は）毛沢東思想を継承したものだと思っているから、うれしい」

――中国には政治家の支持率に関する世論調査がありません。もしあれば、習近平の支持率はどのくらいだと思いますか。

「プーチン大統領よりは間違いなく高い。九〇パーセントを超えていることは確かだ」

いささか奇妙なやり取りに感じられたかもしれない。現代中国の左派知識人に特有の雰囲気を感じ取ってもらいたいと思い、一問一答形式で紹介させてもらった。

毛沢東が語った共産主義の理想を、現代中国でそのまま言葉にすれば、それは共産党政権に対する揶揄と取られるか、下手をすると批判だと思われかねない。韓徳強は、自分が微妙な政治的な立場にあることを自覚し、言葉を慎重に選んで発言していた。

### 薄熙来事件にみる毛沢東崇拝

毛沢東が今も中国の人々に支持されていることを広く知らしめた出来事がある。二〇一三年に開かれた薄熙来事件の公判で、毛沢東の肖像を手にした支持者が裁判所前に現れたのだ。

薄熙来は中国共産党の政治局員であり、重慶市の共産党委員会書記だった高官で、二〇一二年に失脚している。指導部である政治局はメンバーが二五人しかおらず、約九〇〇〇万人の党員を擁する中国共産党の頂点に近い意思決定機関である。薄熙来はその一員だったが、妻が英国人殺害の罪に問われ、さらに側近だった重慶市の副市長が四川省にある米国総領事館に亡命を求めて駆け込もうとした。このため、薄熙来も拘束され、汚職などの罪で無期懲役の判決を受けて服役中である。

この薄熙来が掲げたのが、毛沢東路線への回帰だった。

薄熙来は、強引ともいえる財政投入で、重慶市の貧困対策に取り組んだ。その失脚は党内の路線対立を表面化させ、権力闘争に火を付けた。中国のネット上には、薄熙来の支持を訴えた募金運動も現れた。その背景には、格差是正のためには毛沢東のような強力な指導者が必要だと主張する韓徳強ら毛沢東主義者たちの存在があったとされる。

## 「毛沢東を人間に戻そう」

一方、こうした毛沢東主義者の主張を危険だと感じる人も中国には少なくない。そうした意見も紹介しておこう。著名な改革派の経済学者、茅于軾（八四歳）である。彼は習近平体制に対して批判的であり、このため当局から強い圧力を受けている。

茅于軾は、北京の自宅で私のインタビューに応えてくれた。

「毛沢東は人権を犠牲にし、貧富の平等を求めた。最も重要なのは人権のはずだ」。毛沢東崇拝が広まりつつあることを懸念し、多数の犠牲者が出た大躍進運動や文化大革命の歴史を繰り返してはならないとの主張である。

一九五〇年代に茅于軾は、鉄道省が管轄する鉄道科学研究院で研究者としての人生を歩み始める。

ところが、反右派闘争や文化大革命などで何度も批判を受けてしまい、強制労働を通じての再教育処分である労働改造所送りにもあった。それだけに、毛沢東時代の政策には否定的なのだろう。改革開放後、政府系の中国社会科学院の米国研究所に所属したこともあるが、九〇年代以降は民間のシンクタンクを作り、そこで活動している。

茅于軾はかつて「毛沢東を人間に戻そう」と主張する論考を発表したことがある。中国社会は毛沢東崇拝の精神的呪縛から抜け出すべきだとする内容だった。

当時はそれほどの反響はなかったが、習近平体制になってから、急にこの論考が注目されるようになった。毛沢東を崇拝する人々から、激しい非難を受けているという。ひどいときには、深夜零時ごろに何度も罵倒の電話がかかってきた。講演時にも妨害を受けた。露骨ないやがらせである。習近平が国家主席になったことで、毛沢東を支持する人々は、絶対的な後ろ盾を得たと感じているのかもしれない。

「毛沢東は、中国においていまだに巨大な力を持った存在だ。習近平は毛沢東を否定できない。でも一方で、毛沢東は中国にとても大きな害を与えた人物でもある。毛沢東を否定したいという力もまた、非常に強い。二つの力が衝突するなか、これを解決する方法はあるのか。必ず方法はあると私は思うが、果たして習近平は、こうした複雑な問題を解く能力があるのかどうか。中国を発展させるには、国家主席として、この問題をどう考えていけばいいのか。大きな矛盾のなか、ああ言ったり、こう言ったりと、どうも混乱しているように見える」

茅于軾は堂々とした口調で、習近平の能力に疑念を抱いていることを、すぱっと言い切った。

中国の知識人には時々、こうした人がいる。自分の信じるところを、臆することなく、はっきりと表明する。中国共産党の一党支配のもと、自由な言論空間は徹底的に抑圧されている。心の中に思っていることを公にした場合、極めて大きなリスクを負うことになりかねない。場合によっては刑務所に入らなければならなくなる。それでも、時に彼らは、言いたいことを言う。私たち外国の新聞記者が相手でも語る。

圧倒的な胆力の強さを感じる。こういう中国人と出会うたびに、私は深く感服する。

実は茅于軾も、中華人民共和国が成立した当初は、毛沢東のことを支持していたという。ところが、一九五〇年代の反右派闘争で批判を受けたころから、毛沢東のことが少しずつ分かってきた。だからといって、すぐに考えを変えたわけではない。第五章で紹介したような魯迅への批判姿勢、反右派闘争、大躍進運動の政策の誤りによる大飢饉……。文化大革命後に明らかにされた、いくつもの事実によって、毛沢東に批判的な姿勢をとるようになったという。

「毛沢東が言った平等は、みなが一様に貧しいという平等だった。そのために人権は犠牲にされた。機会の平等も無視された。建前としては平等だと言われたが、実際は特権政治だった」

## 習近平と薄熙来

習近平もまた、薄熙来と同じように、毛沢東になろうとしているのではないか。そんな声も聞こえてくる。

薄熙来は、重慶市のトップである書記を務めていたとき、演説などで毛沢東のことによく言及し、実際、毛沢東時代を思わせるような政治スタイルをとっていた。習近平もまた、演説を行う際に、毛沢東語録を頻繁に引用してきた。

薄熙来が打ち出したマフィア一掃運動と、習近平の反腐敗政策を重ねる見方もある。そもそも、習近平をトップに押し上げたのは、高官子弟であることへの党長老たちの信頼感にほかならない。それは薄熙来についても言えることだ。

薄熙来の父、薄一波は、副首相まで上り詰めた元高官で、習近平の父親もまた元副首相。この二人には、政治家としての共通点が驚くほど多い。例えば、二人とも、高官子弟として周囲から期待されているため、毛沢東をたたえる左派や保守派をないがしろにできない。

失脚した後も、重慶での薄熙来の人気には根強いものがある。だが、薄熙来は失脚し、習近平は生き残って、共産党のトップに立った。何が二人の人生を分けたのだろうか。その差はほんのわずかなものだったかもしれない。

## 習近平が抱える矛盾

反腐敗政策を推進する習近平は、広がりを見せつつある毛沢東崇拝を、今のところ弾圧しようとはしていない。内心は危ない動きだと思っているのだろうが、共産党支持を声高々と訴えているだけに、なかなか正面からは取り締まりにくい。一方で習近平は、改革開放路線の堅持を訴えてもいる。この二つの方向性は明らかに、矛盾している。習近平にとってはジレンマに違いない。

日本を追い越して世界第二位の経済大国となった中国も、そろそろ成長の限界に来ている。今後も急速な経済成長率を維持するのはきわめて困難で、成長のスピードは鈍化し始めている。持続的な経済成長を実現するためには、産業構造を転換しなければならない。でなければ、経済はガタガタになってしまう。政権党である共産党にとって、人々の支持をつなぎとめるには、改革開放路線を堅持するほか道はないのだ。

ところが、この方向での改革を進めれば、既得権益に抵触し、摩擦が生じてしまう。これまで既得権益を享受してきたのは、共産党の高官とその家族たちだ。それは、共産党政権が経済部門を掌握し、莫大な利益を得てきたから可能になった。当然のことながら、彼らは現状を変えるような改革は望まず、より保守的な経済政策を希求する。と同時に彼らは、党内では習近平の支持層でもある。

つまり、習近平体制は、政治分野では左側（保守）へ、経済分野は右側（改革）へ向かうよう、それぞれ強い圧力を受けているのだ。これが、習近平が抱える矛盾である。

## きな臭い話の数々

習近平は二〇一七年の党大会で党規約を改正し、自らが掲げる理念・思想が盛り込まれることになった。二〇一八年の全人代では憲法を改正し、国家主席の任期を撤廃した。毛沢東の強権政治をモデルにしたかのような、近年の習近平の政治スタイル。それに起因する党内対立を反映してか、何やらきな臭い話が北京から頻繁に伝わってくるようになった。

以下、中国の友人から得たうわさ話や、香港メディアの気になる報道を列挙する。いずれも二〇一八年七月段階の話だ。

▽共産党機関紙「人民日報」の一面に「習近平」という三文字がどこにも載っていない日があった。

↓香港メディアは、習近平が総書記になった二〇一二年以来、ほぼなかったことであり、異変が起きているのではないかと報じた。

▽上海の若い女性が、習近平が描かれたポスターに黒インクをぶちまける映像が中国のネット上で一時的に拡散した。

↓この女性やその家族はその後、当局に連行されたとされるが、そもそもこうした映像が出回ること自体が奇妙。

▽新華社のネットニュースサイト「新華網」に、過去に元共産党主席の華国鋒が進めた個人崇拝の動きを批判した昔の報道が登場した。

↓この報道のなかには「党は主席を管理できる。主席が間違いを犯せば、批判できる」との表現もあった。

まだまだあるが、きりがないのでこのくらいにしておく。ひと言でいえば、「習近平が進める個人崇拝の動きが、党内で厳しい批判を受けている」(香港メディア)との見方が急速に広まっているのだ。

元国家主席の江沢民や、前国家主席の胡錦濤ら党長老たちが、習近平に対して不満を持っているとの観測も出ている。そもそも、鄧小平時代に中国共産党は、「毛沢東の神格化」といった最高指導者の個人崇拝を否定し、集団指導体制を目指すことにした。中国社会を大混乱に陥れ、多くの市民が犠牲となった文化大革命に対する反省である。習近平はこの集団指導体制に逆行するようなことをしているのだから、党内から反発の声が上がるのも当然だろう。

権力集中までは許せても、個人崇拝はダメだ――。そう考えている中国人は多い。

習近平が国家主席の任期を撤廃することに対しては、憲法改正の一年以上も前から、私たち外国人記者にも党内での反対意見が聞こえていた。こうした意見表明をすることは、今や非常に困難な状況にあるが、それでもネット上に、名門である北京大学や清華大学の教授による批判文などが時々アップされるのは、それだけ党内に、習近平体制に反発心を持つ人が多く、不満がくすぶっていることの証左だろう。

## 政治指導者の権力欲

習近平は、党内での強い反対を押し切って、国家主席の任期を撤廃し、終身国家主席への道を開いた。この時点ですでに習近平は、腐敗摘発の名目で政敵を失脚させ、党内を掌握していた。ところが国家主席には二期一〇年という任期があるため、将来の政治的な影響力の低下を恐れて、強引に憲法を改正したといわれる。

思えば林彪は、一九七〇年に開かれた廬山会議で国家主席の復活を主張し、これがきっかけとなって、毛沢東は林彪に不信感を抱き、二人の関係は緊張をはらむものとなったのだった（本書第三章）。

毛沢東は、事実上廃止されていた国家主席のポスト復活を林彪が唱えても、それを許さなかった。林彪はこのポストを復活させ、毛沢東がその地位に就くべきだと主張したが、毛沢東にその気がないことを知っていた。だから、このポストが復活すれば、ナンバー2である自分が就任することになると見込んでいた。林彪にとって、党副主席というポジションは、いつ梯子をはずされるか分からない、不安定なものだったから、林彪やその側近たちは、国家主席の座を欲した。毛沢東は、そうした林彪の心理を見抜き、失脚させようとしたのだった。

中国共産党における最高指導者のポジションは、時代によって変化してきた。毛沢東のときは党主席で、鄧小平のときは中央軍事委員会主席だった。江沢民と胡錦濤のときはいずれも、党総書記、国家主席、中央軍事委員会主席を兼任する形をとった。

習近平は当初、毛沢東時代の党主席を復活させ、自分がそれに就くことを考えていた。複数の党関係者から聞いた話なので、間違いないと思う。毛沢東のカリスマ的な権威を借りて、自らの権威を高めようとしたのだ。だが党内には、毛沢東時代に回帰する動きに対して根強い反発がある。このため習近平は党主席の復活を断念し、代わりに、習近平思想を党規約に明記することで党内の合意を取りつけたという。そのうえで、国家主席の任期を撤廃した。

権力を掌握しようとすればするほど、ポジションに固執することになるのは、この党の指導者の性《さが》なのかもしれない。

## 共産党に生じる「負の連鎖」

習近平が総書記になったのは二〇一二年のこと。それ以後、習近平のやり方に対する不満の声が党内で高まった時期は今回に限らず何度かあった。

党大会を前にした二〇一七年の春もそうだったし、地方政府系のニュースサイトに習近平の辞任を求める公開書簡が掲載された二〇一六年の春もそうだった。香港メディアはほぼ定期的に、権力闘争が繰り広げられる党内政局を報じてきた。そのたびに北京の外交筋の間でも、習近平の政治基盤が弱体化しているとの説が流れた。ところが習近平は、党内で反対の声が高まる度に強引にそれを抑えつけ、自らへの権力集中を強めてきた。

一九五〇年代に毛沢東は、萎縮していた知識人の言論活動を活性化させるべく、自由な発言を呼びかけた。この「百花斉放・百家争鳴」運動のなかで、何を言っても罪にならない方針が示されると、堰を切ったように中国共産党への批判が続出した。しかし、そうした批判を口にした知識人は、次々と迫害を受けた。もしかすると習近平は、この歴史にならって、権力闘争を通じて、側近たちの忠誠心を試しているのではないか。そんな穿った見方もある。

かつてレーニンは「すべての国の共産党は、党組織の人的構成の定期的な粛清が行われなければならない」（一九二〇年のコミンテルン第二回大会で決まった加入条件）とした。レーニンは、共産党という組織の本質が、よく分かっていたのだろう。民主的な党内人事の仕組みをもたない共産党は、組織を維持し、規律を保つために、何らかの粛清を行わなければならない。そして規律維持あるいは腐敗摘発を名目とする粛清は、往々にして権力闘争の道具にされてしまう。共産党のDNAとも言い得る「負の連鎖」が、こうして起きる。

まさに林彪事件はその象徴である。習近平体制となった今も、こうした事件を生む構造自体は何一つ変わっていない。

# エピローグ――これから中国で何が起きるのか

中国は複雑な国だ。

この国で取材をしていると、真っ暗な闇のなかで、巨大な象の体をなでる二人の僧侶の話をしばしば思い出す。

巨象の鼻を触った一人の僧侶が言う。「これはなんだか大蛇のような生き物のようだぞ」。ところが、もう一人はそれを否定する。象の耳に触れて、それを鳥の羽だと思い込み、「いや、違う。ヘビではなく、鳥だ」と言う。さらに「大きな翼がある巨大な鳥ではないか」などと言い出す。

たしかに、手に触れた限りでいえば、象の鼻は「大蛇のような生き物」だと感じてもおかしくないし、象の耳は「鳥の羽」だと思えるかもしれない。判断材料がきわめて限定されているから、二人の僧侶は、自分が触れているのが象の体の一部だと気づかない。この寓話は、自分が知り得た情報がいかに正確であっても、それが部分的なものであれば、そこから誤った全体像を思い描いてしまうかもしれないことを教えてくれる。

それと同じことが、中国についても言えるだろう。もちろん、中国に駐在する私たち外国人記者は、眼前の出来事を、あくまでファクトに基づいて報じている（と、少なくとも信じている）。だが、中国はとてつもなく巨大だ。自分たちの報道は、中国という国の全体像をどれだけ正しく日本の読者に伝えられているだろうか。もしかすると、実像とは異なる姿を提示してはいないだろうか。

正直に告白すると、そんな疑問と不安を感じることがある。

たとえば、いま中国では、「eコマース」（電子商取引）の市場規模が急速に拡大している。スマホを用いてのネット通販利用者は急増し、都市部では現金を持ち歩かず、飲食店、小売店などでも、スマホをかざすだけで支払い済ませるスタイルが主流となっている。

銀座や秋葉原に観光で来て、楽しそうに買い物をしている中国の若者たちの姿を想像してもらえればいいかもしれない。たしかに現在の中国には、そうした、豊かで明るい先進的な側面がある。

ところが一方で、現代中国には、習近平国家主席をトップに戴く中国共産党による強権的な政治がもたらす、暗くて怖いイメージもある。これまで何度か指摘してきたように、中国ではいまだに人々の人権が侵害され、民主化を主張するどころか、政府に異を唱えることすら認められない。厳しい言論統制の国でもあるのだ。

豊かで明るく先進的なイメージの中国と、暗くて怖いイメージの中国と。日本の人々からすると、同じ国にこうした全く異なる側面が同居していることに戸惑うのではないだろうか。だが、そのどちらもが、紛れもなく現在の中国なのである。


これから中国はどこへ向かうのだろうか。

残念ながら、はっきりしたことは分からない。だが、習近平による強権政治がこのまま続けば、どれほど経済が成長しようと、どこかの時点で中国政治がきわめて不安定な状態に陥る可能性は否定できないのではないか。

中国政治の歴史をひもとけば、権力集中が極端に進むと、必ずと言っていいほど政治は不安定化している。毛沢東時代の文化大革命はその最たる例だろう。鄧小平が権力を掌握する過程でも権力闘争が激しく繰り広げられ、中国政治は不安定化した。

習近平がいくら権力を掌握し続けようと、人間である以上、いつかは必ず終わりを迎える。その瞬間、権力の巨大な空白が生じ、それを埋めようとする動きは、何らかの混乱を生じさせるに違いない。

中国統一を成し遂げた秦の始皇帝の例を見ても、その死後、政治的な分裂が起き、戦乱が生じた。共産党政権は「安定を保ちつつ前進を求める」をキーワードにしてきたが、自らの存在自体が中国の潜在的な不安定要因となっている。

別の角度から考えてみよう。

一九四九年に中華人民共和国が建国されて以降、七〇年近くにわたって中国共産党は絶対的な支配力を保持してきた。その共産党の頂点に立ち、強引に権力掌握を進める習近平は今、何を感じているのだろうか。

実のところ、とてつもない不安を感じているのではないだろうか。

というのも、毛沢東について、あるエピソードを聞かされたことがあるからだ。

著名な中国人作家、葉永烈に取材をしたときのことだ。彼は私に対して、林彪事件の後、毛沢東主席が急速に「はっきりと老け込んだ」という話を、党中央の元高官から聞いたことがあると教えてくれた。

その高官はこう言ったという。

「事件後の毛主席を一目見て、林彪の事件の衝撃の大きさから老いが進んだことが分かった。どうしてかだって？　どうにも説明できないからだ。『親密な戦友』と呼んできた林彪に裏切られたことを、いったい庶民たちにどう説明すればいいのか。毛沢東は内心、極めて大きなショックを受けていた」

林彪がソ連への亡命を目指したことがはっきりすれば、毛沢東が自らの後継者としてナンバー2に引き上げた高官が、卑劣な裏切りをしたことが党の歴史に刻まれてしまう。一方で、本当は暗殺も、亡命も企てていなかったとすれば、事件後に林彪を厳しく批判した毛沢東や党の立場はなくなってしまう。

民主的に党内人事を進める仕組みを持たない共産党は、時に粛清という名目で権力闘争を繰り返すしかない。権力者は政治闘争に勝ち続けなければならない。しかし、そうやって、勝ち抜けば勝ち抜くほど、強権政治がもたらす矛盾に庶民は気づき、気持ちが離れていく。晩年の毛沢東は、誰よりもそのことをよく分かっていたのではないか。

習近平による強権政治が変わる兆しは今のところ見られない。しかし、習近平が内心も自信満々でいるかどうかはまた別の話だ。権力闘争に勝ち抜き、権力の掌握を進める習近平もまた、もしかすると晩年の毛沢東と同じように、この巨大なジレンマに悩んでいるのではなかろうか。

# あとがき

正直言って、こんなわがままな本を書かせてもらえるとは思っていなかった。林彪事件は、私にとっては思い入れのあるテーマであり、中国をはじめ中国語圏の国々では今でも関連ニュースが時々出てくるような関心の高い話題だが、日本ではもはや興味を持つ人は多くないだろう。こうして出版にこぎ着けることができたのは、以下に述べる多くの人たちの助けがあったおかげである。感謝の言葉を述べさせてほしい。

私が林彪について最初に文章を書いたのは、二〇一四年一〇月のことだった。朝日新聞の夕刊に一一回にわたって「林彪事件をたどって」という連載記事を掲載させてもらった。当時、この連載を担当した朝日新聞東京本社のデスクが岸善樹氏だった。

岸氏は稚拙な私の文章を読みながら、とにかく面白がってくれた。駄馬を走らせる最大のコツは、やはり「おだてる」という一言に尽きるのだろう。彼の言葉に後押しされ、励まされ、取材を続けることができた。このことに、まずお礼を言いたい。二〇一七年一月にも続編の連載記事を掲載させてもらった。これもまた、岸氏がデスクワークを担当してくれた。

本書はこの二回の連載記事での取材を元にしつつ、構成を含めて全面的に文章を書き直した。さらに大幅に加筆もした。林彪事件について書きながらも、現在の中国の習近平体制というものに対する問題意識が前面に伝わる形の内容に書き換えたつもりだ。

文中に登場した人々の年齢はいずれも、取材した時点のものを記した。中国の政治や経済状況に対する表現も同様である。つまり、基本的には、私が北京に駐在していた二〇一三年九月から二〇一八年一月までの期間をベースに書かれたものとして読んでいただければと思う。

中国での取材では、朝日新聞中国総局のベテラン助手である于涛氏に多くを助けてもらった。またモンゴルでは、同じくウランバートル通信員のバヤルサイハン氏の助けを借りた。いずれも深く謝意を表す。

ほかにも一人一人の名前をあげることができないほど、多くの方の助けと協力をいただいた。

さらに忘れずに言っておきたいのは、厳しい言論統制の中国社会のなかにいるにもかかわらず、私の問題意識に賛同し、共産党の「負の歴史」について語ってくれた複数の匿名の取材協力者がいたことだ。「人生意気に感ず、功名誰か復《ま》た論ぜん」。中国の歴史のなかで絶えることなく現れる、こうした反骨の人々を私は敬服して止まない。彼らの存在があったからこそ、この本もできたのだということを最後に記しておきたい。

筑摩書房の石島裕之氏には全面的に助けていただいた。その極めて丁寧で鋭さを持った仕事に、心からの敬意と感謝を表したい。

二〇一九年三月

古谷 浩一

## 主要参考文献


### 第一章

外交部外交史编辑室编『中国外交官回忆录 新中国外交风云』世界知识出版社、一九九〇年

孙一先『在大漠那边 亲历林彪坠机事件和中蒙关系波折』中国青年出版社、二〇一三年

舒雲『林彪事件完整調査』上下、明鏡出版社、二〇〇六年

张聿温『真相〝九一三〟事件考证』中国青年出版社、二〇一二年

### 第二章

李德生『李德生回忆录』解放军出版社、一九九七年

汪东兴『汪东兴回忆 毛泽东与林彪反革命集团的斗争』当代中国出版社、二〇一〇年

中共中央文献研究室编『周恩来传』中央文献出版社、二〇〇八年

张耀祠『张耀祠回忆毛泽东』中共中央党校出版社、一九九六年

舒雲整理『林彪女兒"九一三"事件見證人 林豆豆口述』明鏡出版社、二〇一二年

李文普口述、高德明整理「林彪卫士长李文普不得不说」『中华儿女』、一九九九年第二期
刘吉纯口述、丁丑整理「难忘的〝九一三〟前夜」『历史学家茶座』、二〇〇五年五月
康庭梓『真相 专机副驾驶 亲历九一三』中国青年出版社、二〇一三年
邱會作『邱會作回憶録』新世紀出版社、二〇一一年
官伟勋『我所知道的叶群』中国文学出版社、一九九三年
张宁『自己写自己』作家出版社、一九九八年
王海『我的战斗生涯』中央文献出版社、二〇〇〇年
周秉德著、铁竹伟执笔『我的伯父周恩来』辽宁人民出版社、二〇〇一年
周尔鎏『我的七爸周恩来』中央文献出版社、二〇一五年

## 第三章

『彭德怀自述』人民出版社、一九八一年
『ある元帥の回顧録』外文出版社、一九八二年
李锐『庐山会议实录（增订本）』河南人民出版社、一九九四年
罗时叙『庐山别墅大观』江西美术出版社、一九九五年
李建彤『刘志丹』上卷、工人出版社、一九七九年
李建彤『刘志丹』第一卷—第三卷、文化艺术出版社、一九八四年
李建彤『刘志丹』全三卷、江西教育出版社、二〇〇九年

中共中央组织部干审局编『干审工作政策文件选编』上、党建读物出版社、一九九三年
戴茂林、赵晓光『高岗传』陕西人民出版社、二〇一一年
习仲勋传编委会『习仲勋传』上下、中央文献出版社、二〇一三年
奚学瑶、张从、孙兰芝主编『告别未名湖 北大老五届行迹』九州出版社、二〇一三年
張雲生著、竹内実監修、徳岡仁訳『全訳林彪秘書回想録』蒼蒼社、一九八九年
中共中央党史研究室『中国共产党历史』第二巻（一九四九―一九七八）上下、中共党史出版社、二〇一一年
叶永烈『叶永烈采访手记』上海社会科学院出版社、一九九三年
叶永烈『〝四人帮〟兴亡』人民日报出版社、二〇〇九年
叶永烈『陈伯达传』四川人民出版社、二〇一六年
笠井孝之『毛沢東と林彪』日中出版、二〇〇二年
吴法憲『吴法憲回憶録』香港北星出版社、二〇〇六年
李志綏『毛澤東私人醫生回憶録』時報出版社、一九九四年
熊华源、安建设编『林彪反革命集团覆灭纪实』中央文献出版社、一九九五年
中央文献研究室主編『周恩来年谱』中央文献出版社、一九九七年
于南「九届二中全会上的一场风波」『党的文献』、一九九二年第三期
米鶴都編撰『光環與陰影』中港傳媒出版社、二〇一三年

### 第四章

毛利和子、毛利興三郎訳『ニクソン訪中機密会談録』名古屋大学出版会、二〇〇一年
最高人民法院研究室编『中华人民共和国最高人民法院特别法庭审判林彪、江青反革命集团案主犯纪实』法律出版社、一九八二年
黄克诚『黄克诚自述』人民出版社、一九九四年
黄正『軍人永勝　原解放軍總參謀長黄永勝將軍前傳』新世紀出版社、二〇一〇年
司馬清揚『周恩来與林彪』明鏡出版社、二〇一二年
马克昌主编『特别辩护 为林彪、江青反革命集团案主犯辩护纪实』中国长安出版社、二〇〇七年
薄一波『若干重大决策与事件的回顾』上下、中共党史出版社、二〇〇八年
王文正口述、沈国凡采写『共和国大审判（第二部）特别法庭内外纪实』新华出版社、二〇〇九年
『邓小平文选』第三卷、人民出版社、一九九三年
周敬青『解读林彪』上海人民出版社、二〇一五年

### 第五章

王輝著、橋爪大三郎、張静華監修、中路陽子訳『文化大革命の真実　天津大動乱』ミネルヴァ書房、二〇一三年
『中国共产党口述史料丛书』第六卷上下、中共党史出版社、二〇一三年
NHK取材班『毛沢東とその時代』恒文社、一九九六年

王年一『大动乱的年代』人民出版社、二〇〇九年

## 第六章

エドガー・スノー著、松岡洋子訳『中国の赤い星』筑摩書房、一九七五年
『毛泽东选集』第二巻 人民出版社、一九九一年
师哲回忆、李海文整理『在历史巨人身边 师哲回忆录』中央文献出版社、一九九一年
耿飙『耿飙回忆录』解放军出版社、一九九一年

**古谷浩一** ふるや・こういち

一九六六年、神奈川県生まれ。朝日新聞論説委員。一九九〇年に朝日新聞社に入社。前橋支局、大阪社会部、外報部などを経て、上海、北京、瀋陽の特派員に。二〇一二年―一三年に東京本社国際報道部次長、二〇一三年―一八年に中国総局長。中国・南京大学（一九九三年―九四年）、韓国・延世大学（一九九七年―九八年）にそれぞれ研修留学。共著に『紅の党――習近平体制誕生の内幕』（朝日新聞出版、二〇一二年）、『核心の中国――習近平はいかに権力掌握を進めたか』（朝日新聞出版、二〇一八年）等。

筑摩選書 0175

# 林彪《りんぴょう》事件《じけん》と習近平《しゅうきんぺい》 中国《ちゅうごく》の権力闘争《けんりょくとうそう》、その深層《しんそう》

二〇一九年五月一五日 初版第一刷発行

著　者　古谷《ふるや》浩一《こういち》

発行者　喜入冬子

発　行　株式会社筑摩書房
東京都台東区蔵前二-五-三　郵便番号 一一一-八七五五
電話番号 〇三-五六八七-二六〇一（代表）

装幀者　神田昇和

印刷 製本　中央精版印刷株式会社


ISBN978-4-480-01682-9 C0331

筑摩選書 0046

# 寅さんとイエス

米田彰男

イエスの風貌とユーモアは寅さんに類似している。聖書学の成果に「男はつらいよ」の精緻な読みこみを重ね合わせ、現代に求められている聖なる無用性の根源に迫る。

筑摩選書 0060

# 近代という教養
## 文学が背負った課題

石原千秋

日本の文学にとって近代とは何だったのか？　文学が背負わされた重い課題を捉えなおし、現在にも生きる「教養」の源泉を、時代との格闘の跡にたどる。

筑摩選書 0070

# 社会心理学講義
## 〈閉ざされた社会〉と〈開かれた社会〉

小坂井敏晶

社会心理学とはどのような学問なのか。本書では、社会を支える「同一性と変化」の原理を軸にこの学の発想と意義を伝える。人間理解への示唆に満ちた渾身の講義。

筑摩選書 0077

# 北のはやり歌

赤坂憲雄

昭和の歌謡曲はなぜ「北」を歌ったのか。「リンゴの唄」から「津軽海峡・冬景色」「みだれ髪」まで、時代を映す鏡である流行歌に、戦後日本の精神の変遷を探る。

筑摩選書 0078

# 紅白歌合戦と日本人

太田省一

誰もが認める国民的番組、紅白歌合戦。今なお40％台の視聴率を誇るこの番組の変遷を、興味深い逸話を交えつつ論じ、日本人とは何かを浮き彫りにする渾身作！

筑摩選書 0135

ドキュメント 北方領土問題の内幕

クレムリン・東京・ワシントン

若宮啓文

外交は武器なき戦いである。米ソの暗闘と国内での権力闘争を背景に、日本の国連加盟と抑留者の帰国を実現した日ソ交渉の全貌を、新資料を駆使して描く。

筑摩選書 0139

宣教師ザビエルと被差別民

沖浦和光

ザビエルの日本およびアジア各地での布教活動の跡をたどりながら、キリシタン渡来が被差別民にもたらしたものが何だったのかを解明する。

筑摩選書 0141

「働く青年」と教養の戦後史

「人生雑誌」と読者のゆくえ

福間良明

経済的な理由で進学を断念し、仕事に就いた若者たち。知的世界への憧れと反発。孤独な彼ら彼女らを支え、結びつけた昭和の「人生雑誌」。その盛衰を描き出す！

筑摩選書 0142

徹底検証 日本の右傾化

塚田穂高 編著

日本会議、ヘイトスピーチ、改憲、草の根保守、「慰安婦報道」……。現代日本の「右傾化」を、ジャーナリストから研究者まで第一級の著者が多角的に検証！

筑摩選書 0143

アナキスト民俗学

尊皇の官僚・柳田国男

絓秀実
木藤亮太

国民的知識人、柳田国男。その思想の底流にはクロポトキンのアナーキズムが流れ込んでいた！ 尊皇の官僚にして民俗学の創始者・柳田国男の思想を徹底検証する！